DEUX COUVERTURES SUPERIEURES ET INFERIEURES

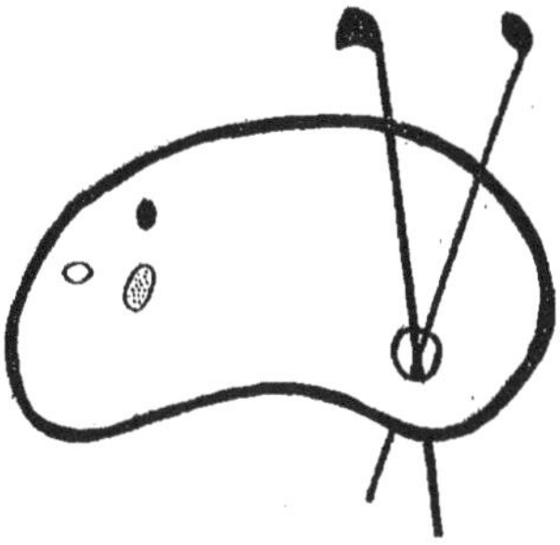

DEBUT D'UNE SERIE DE DOCUMENTS
EN COULEUR

...NUEL FORMULAIRE

RAISONNÉ

de

CONCILIATION & D'ARBITRAGE

En matière de différends collectifs

ENTRE PATRONS & OUVRIERS OU EMPLOYÉS

D'après la loi du 27 Décembre 1892

ou

COMMENTAIRE PRATIQUE

DE CETTE LOI

Par A. BOLOTTE

Juge de paix du canton de Prémery (Nièvre)

Prix : **3** Fr.

PARIS

IMPRIMERIE ET LIBRAIRIE GÉNÉRALE DE JURISPRUDENCE

MARCHAL & BILLARD

Imprimeurs-Éditeurs, libraires de la Cour de Cassation

MAISON PRINCIPALE : **Place Dauphine, 27**
SUCCURSALE : **Rue Soufflot, 7**

1894

PETITE BIBLIOTHÈQUE PRATIQUE

VIII

MANUEL FORMULAIRE

RAISONNÉ

DE

CONCILIATION & D'ARBITRAGE

EN MATIÈRE DE DIFFÉRENTS COLLECTIFS

ENTRE PATRONS & OUVRIERS OU EMPLOYÉS

D'après la Loi du 27 Décembre 1892

OU

COMMENTAIRE PRATIQUE

DE CETTE LOI

Par A. BOLOTTE

JUGE DE PAIX DU CANTON DE PRÉMERY (Nièvre)

Prix : 3 francs.

PARIS

IMPRIMERIE ET LIBRAIRIE GÉNÉRALE DE JURISPRUDENCE

MARCHAL ET BILLARD

IMPRIMEURS-ÉDITEURS, LIBRAIRES DE LA COUR DE CASSATION

Maison principale : Place Dauphine, 27

Succursale : Rue Soufflot, 7

1894

CHEZ LES MÊMES ÉDITEURS

JUGES DE PAIX (Manuel encyclopédique, théorique et pratique des), de leurs Suppléants et Greffiers, avec les formules de tous les actes extrajudiciaires et judiciaires, placées à la suite de chaque titre; par **J.-E. Allain**, Juge de paix retraité. 6e édition, entièrement refondue, par **N.-A. Carré**, Juge de paix du 1er arrondissement de Paris. 3 forts vol. in-8. 1890-1891.   27 fr.

JUGES DE PAIX (Code annoté des). 1re partie : Code de l'audience; 2e partie : Code du cabinet; par **N.-A. Carré**, Juge de paix du 1er arrondissement de Paris, ancien Juge de paix de cantons ruraux. 3e édition, revue et mise au courant. 1 fort vol. gr. in-8. 1886.   12 fr. 50

JUGES DE PAIX (Compétence judiciaire des) en matière civile et pénale; par **N.-A. Carré**, Juge de paix du 1er arrondissement de Paris. 2e édition, revue et augmentée. 2 vol. in-8. 1888.   18 fr.

MONITEUR DES JUGES DE PAIX (Le) de leurs Suppléants et des Greffiers. Revue pratique de la juridiction cantonale; par **N.-A. Carré**, Juge de paix du 1er arrondissement de Paris. — Paraissant tous les mois. — Abonnement annuel,   12 fr.

JUSTICES DE PAIX (Formulaire général et complet de la procédure civile et criminelle des); par **G-A. Couturier**, ancien Juge de paix à Tours. 3e édit., revue. 2 vol. in-8, 1893.   16 fr.

JUGES DE PAIX (Tarifs commentés des actes en matière civile des), de leurs Greffiers et Huissiers; par **M. Bonnesœur**, Conseiller honoraire à la Cour d'appel de Bordeaux. 6e édition. 1 vol. in-8. 1892.   3 fr. 50

JUGES DE PAIX (Manuel criminel des) considérés comme officiers de police judiciaire auxiliaires du procureur de la République et comme délégués du juge d'instruction; par **M. Duverger**, Président de chambre honoraire à la Cour d'appel de Poitiers. 5e édition. 1876. 1 vol. in-8.   7 fr. 50

GREFFIERS DES JUSTICES DE PAIX (Le Journal des) et des Tribunaux de simple police. Recueil mensuel de législation, de doctrine et de jurisprudence, fondé par **A. Ségéral**. — Abonnement annuel,   8 fr.

CAEN — IMPRIMERIE CH. VALIN, RUE AU CANU

Chez les mêmes Éditeurs

———

JUSTICE DE PAIX (Code pratique de la) ou Traité théorique et pratique des attributions des Juges de paix en matière civile, avec un *Formulaire* complet et méthodique; par **Alph. Ségéral**. 6e édition, augmentée et mise à jour, par **Abel Ségéral**, Avocat, ancien Juge de paix suppléant à Paris, ancien Directeur du *Journal des Greffiers*. 2 vol. in-8. 1894.   14 fr.

JUGES DE PAIX (Manuel encyclopédique, théorique et pratique des), de leurs Suppléants et Greffiers, avec les formules de tous les actes extrajudiciaires et judiciaires, placées à la suite de chaque titre; par **J.-E. Allain**, Juge de paix retraité. 6e édition, entièrement refondue, par **N.-A. Carré**, Juge de paix du 1er arrondissement de Paris. 3 forts vol. in-8. 1890-1894.   27 fr.

JUGES DE PAIX (Code annoté des). Ire partie: Code de l'audience; IIe partie: Code du cabinet; par **N.-A. Carré**, Juge de paix du 1er arrondissement de Paris, ancien Juge de paix de cantons ruraux. 3e édition, revue et mise au courant. 1 fort vol. gr. in-8. 1886.   12 fr. 50

JUGES DE PAIX (Compétence judiciaire des) en matière civile et pénale; par **M. N.-A. Carré**, Juge de paix du 1er arrondissement de Paris. 2e édition, revue et augmentée. 2 vol. in-8. 1888.   18 fr.

MONITEUR DES JUGES DE PAIX (Le), de leurs Suppléants et des Greffiers. Revue pratique de la juridiction cantonale; par **N.-A. Carré**, Juge de paix du 1er arrondissement de Paris. — Paraissant tous les mois.

    Années 1880 à 1894.   90 fr.

    Abonnement annuel de janvier à décembre.   12 fr.

JUSTICES DE PAIX (Formulaire général et complet de la procédure civile et criminelle des); par **C.-A. Couturier**, ancien Juge de paix à Tours. 3e édition, revue. 2 vol. in-8. 1893.   16 fr.

JUGES DE PAIX (Manuel criminel des) considérés comme officiers de police judiciaire auxiliaires du procureur de la République et comme délégués du juge d'instruction; par **M. Duverger**, Président de chambre honoraire à la Cour d'appel de Poitiers. 5e édition. 1 vol. in-8. 1876. 7 fr. 50

GREFFIERS DES JUSTICES DE PAIX (Le Journal des) et des Tribunaux de simple police. Recueil de législation, de doctrine et de jurisprudence; documents et renseignements relatifs aux intérêts des Greffiers; fondé par **M. Ségéral**. Directeur: **M. Bucaille**, Juge de paix à Routot (Eure).

    Abonnement annuel de janvier à décembre.   8 fr.

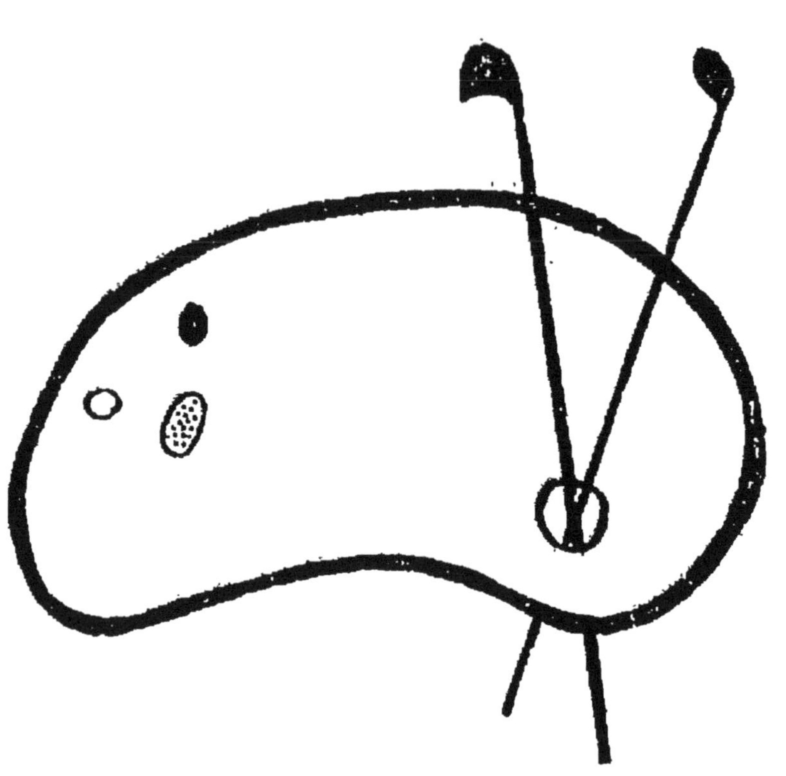

FIN D'UNE SERIE DE DOCUMENTS
EN COULEUR

MANUEL FORMULAIRE

RAISONNÉ ET PRATIQUE

de

CONCILIATION & D'ARBITRAGE

En matière de différends collectifs

ENTRE

PATRONS et OUVRIERS ou EMPLOYÉS

MANUEL FORMULAIRE

RAISONNÉ ET PRATIQUE

de

CONCILIATION & D'ARBITRAGE

En matière de différends collectifs

ENTRE PATRONS & OUVRIERS OU EMPLOYÉS

D'après la loi du 27 Décembre 1892

ou

COMMENTAIRE PRATIQUE

DE CETTE LOI

Par A. BOLOTTE

Juge de paix du canton de Premery (Nièvre)

———

PRIX : **3** Fr.

———

PARIS

IMPRIMERIE ET LIBRAIRIE GÉNÉRALE DE JURISPRUDENCE

MARCHAL & BILLARD

Imprimeurs-Éditeurs, libraires de la Cour de Cassation

MAISON PRINCIPALE : **27, Place Dauphine**
SUCCURSALE : **7, rue Soufflot**

—

1894

PRÉFACE

—

Aussitôt après sa promulgation, mon attention se porta sur la loi du 27 décembre 1892 relative à la conciliation et à l'arbitrage en matière de différends collectifs entre patrons et ouvriers ou employés.

C'est que cette loi créait pour les magistrats cantonaux des attributions nouvelles qu'il était de mon devoir de connaître ; c'est aussi que j'étais intrigué par son caractère constamment facultatif et son défaut de force exécutoire, absolu, insurmontable, qui en font une loi spéciale, unique, à laquelle chacun est libre de recourir ou de ne pas recourir, qu'on peut rejeter après s'en être servi, en un mot qui n'oblige à rien ; c'est encore que j'étais attiré par sa nouveauté, son originalité, son esprit, son génie ; c'est enfin que, malgré son manque d'autorité propre, elle me paraissait susceptible de produire des résultats avantageux que je voulais déterminer.

Telles sont les considérations diverses qui m'engagèrent à préparer le présent travail.

Mais, je dois le dire, il était destiné à mon usage et non à être publié. Je n'avais pas la présomption de lui attribuer une grande valeur juridique et mon interprétation, parfois osée, m'inspirait des doutes.

Cependant, j'attendais avec impatience l'œuvre de commentateurs plus autorisés que moi. Leurs commentaires ne vinrent pas, ou ceux qui arrivèrent jusqu'à moi différaient sensiblement du mien en théorie et même en pratique, ou me semblaient insuffisants ; bref, ils ne répondaient pas entièrement à mon attente.

En outre, par l'étude que j'en fis, j'appréciai de plus en plus le mérite de la loi nouvelle ; j'en escomptai les résultats heureux et j'entrevis ses bienfaits dans l'avenir. C'était un tableau superbe, il n'y manquait presque rien ; mais ce rien était énorme..... En effet, la lanterne n'était pas éclairée : je veux dire que la loi que je tiens en si grande estime est ignorée de ceux qui ont le plus intérêt à la connaître. Il faut commencer par la leur apprendre.

Alors, mon intention primitive se modifia, et, après avoir soumis mon travail à une seconde révision, je me décidai à faire paraître ce livre.

Il est spécialement destiné aux juges de paix et à leurs suppléants ; mais les présidents des tribunaux civils, greffiers de paix, préfets, sous-préfets, maires ou autres officiers municipaux et surtout les patrons, ouvriers ou employés et les syndicats auront à le consulter. Si la matière est spéciale, les intéressés sont nombreux, excessivement nombreux.

Toutefois, mon plus grand bonheur sera de le voir entre les mains des travailleurs. Si j'arrive à faire pénétrer parmi eux la loi du 27 décembre 1892; si, en en prêchant l'emploi, en enseignant son mécanisme, sa procédure, je réussis à la faire comprendre, apprécier, voire même aimer; si par mes efforts je contribue à la faire mettre en pratique; si, par suite, je collabore à apaiser le moindre conflit, n'aurai-je pas travaillé pour la société? n'aurai-je pas fait œuvre utile? C'est la pensée qui me guide, c'est mon ambition, ce serait ma récompense.

En conséquence, tout en rendant mon manuel le plus complet possible, afin qu'il serve aux magistrats de l'ordre judiciaire ou de l'ordre administratif, je me suis attaché en même temps à le faire accessible à tous, même à ceux qui n'ont aucune notion de la science du droit. Simple, clair et précis, il est en outre sans prétention.

En terminant, je dois rendre hommage à M. Lelong, juge de paix à Clères (Seine-Inférieure), dont l'ouvrage m'a inspiré certaines considérations non sans valeur, desquelles je lui sais gré.

Et je n'ai plus qu'à signaler que, soit pour approuver, soit pour combattre diverses opinions émises de toutes parts sur la pratique de la conciliation et de l'arbitrage entre patrons et ouvriers ou employés, et, pour mieux faire sentir le mérite des motifs que j'invoque, je me suis servi des mêmes termes que ceux employés pour présenter, défendre ou controuver ces opinions. Les citations qui en résultent sont faciles à reconnaître.

Prémery, le 5 février 1894.

A. BOLOTTE.

LOI

Du 27 Décembre 1892

sur la

CONCILIATION ET L'ARBITRAGE

En matière de différends collectifs

ENTRE PATRONS ET OUVRIERS OU EMPLOYÉS

Le Sénat et la Chambre des députés ont adopté,

Le Président de la République promulgue la loi dont la teneur suit :

Article premier

Les patrons, ouvriers ou employés entre lesquels s'est produit un différend d'ordre collectif portant sur les conditions du travail, peuvent soumettre les questions qui les divisent à un comité de conciliation et, à défaut d'entente dans ce comité, à un conseil d'arbitrage, lesquels seront constitués dans les formes suivantes :

ART. 2

Les patrons, ouvriers ou employés adressent, soit ensemble, soit séparément, en personne ou par mandataires, au juge de paix du canton ou de l'un des cantons où existe le différend, une déclaration écrite contenant :

1° Les noms, qualités et domiciles des demandeurs ou de ceux qui les représentent ;

2° L'objet du différend, avec l'exposé succinct des motifs allégués par la partie ;

3° Les noms, qualités et domiciles des personnes auxquelles la proposition de conciliation ou d'arbitrage doit être notifiée ;

4° Les noms, qualités et domiciles des délégués choisis parmi les intéressés par les demandeurs pour les assister ou les représenter, sans que le nombre des personnes désignées puisse être supérieur à cinq.

ART. 3

Le juge de paix délivre récépissé de cette déclaration, avec indication de la date et de l'heure du dépôt, et la notifie sans frais, dans les vingt-quatre heures, à la partie adverse ou à ses représentants, par lettre recommandée ou au besoin par affiches apposées aux portes de la justice de paix des cantons et à celles de la mairie des communes sur le territoire desquelles s'est produit le différend.

ART. 4

Au reçu de cette notification, et au plus tard dans les trois jours, les intéressés doivent faire parvenir leur réponse au juge de paix. Passé ce délai, leur silence est tenu pour refus.

S'ils acceptent, ils désignent dans leur réponse les noms, qualités et domiciles des délégués choisis pour les assister ou les représenter, sans que le nombre des personnes désignées puisse être supérieur à cinq.

Si l'éloignement ou l'absence des personnes auxquelles la proposition est notifiée, ou la nécessité de consulter des mandants, des associés ou un conseil d'administration, ne permettent pas de donner une réponse dans les trois jours, les représentants desdites personnes doivent, dans ce délai de trois jours, déclarer quel est le délai nécessaire pour donner cette réponse.

Cette déclaration est transmise par le juge de

paix aux demandeurs, dans les vingt-quatre heures.

ART. 5

Si la proposition est acceptée, le juge de paix invite d'urgence les parties ou les délégués désignés par elles à se réunir en comité de conciliation.

Les réunions ont lieu en présence du juge de paix, qui est à la disposition du comité pour diriger les débats.

ART. 6

Si l'accord s'établit, dans ce comité, sur les conditions de la conciliation, ces conditions sont consignées dans un procès-verbal dressé par le juge de paix et signé par les parties ou leurs délégués.

ART. 7

Si l'accord ne s'établit pas, le juge de paix invite les parties à désigner, soit chacune un ou plusieurs arbitres, soit un arbitre commun.

Si les arbitres ne s'entendent pas sur la solution à donner au différend, ils pourront choisir un nouvel arbitre pour les départager.

ART. 8

Si les arbitres n'arrivent à s'entendre ni sur la solution à donner au différend, ni pour le choix de l'arbitre départiteur, ils le déclareront sur le procès-verbal, et cet arbitre sera nommé par le président du tribunal civil, sur le vu du procès-verbal qui lui sera transmis d'urgence par le juge de paix.

ART. 9

La décision sur le fond, prise, rédigée et signée par les arbitres, est remise au juge de paix.

ART. 10

En cas de grève, à défaut d'initiative de la part des intéressés, le juge de paix invite d'office, et par les moyens indiqués à l'article 3, les patrons, ouvriers ou employés, ou leurs représentants, à lui faire connaître dans les trois jours :

1° L'objet du différend avec l'exposé succinct des motifs allégués ;

2° Leur acceptation ou refus de recourir à la conciliation et à l'arbitrage ;

3° Les noms, qualités et domiciles des délégués choisis, le cas échéant, par les parties, sans que le nombre des personnes désignées de chaque côté puisse être supérieur à cinq.

Le délai de trois jours pourra être augmenté pour les causes et dans les conditions indiquées à l'article **4**.

Si la proposition est acceptée, il sera procédé conformément aux articles 5 et suivants.

ART. 11

Les procès-verbaux et décisions mentionnés aux articles 6, 8 et 9 ci-dessus sont conservés en minute au greffe de la justice de paix, qui en délivre gratuitement une expédition à chacune des parties et en adresse une autre au Ministre du Commerce et de l'Industrie par l'entremise du préfet.

ART. 12

La demande de conciliation et d'arbitrage, le refus ou l'absence de réponse de la partie adverse, la décision du comité de conciliation ou celle des arbitres, notifiés par le juge de paix au maire de chacune des communes où s'étendait le différend, sont, par chacun de ces maires, rendus publics par affichage à la place réservée aux publications officielles.

L'affichage de ces décisions pourra, en outre, se faire par les parties intéressées. Les affiches seront dispensées du timbre.

ART. 13

Les locaux nécessaires à la tenue des comités de conciliation et aux réunions des arbitres sont fournis, chauffés et éclairés par les communes où ils siègent.

Les frais qui en résultent sont compris dans les dépenses obligatoires des communes.

Les dépenses des comités de conciliation et d'arbitrage seront fixées par arrêté du préfet du département et portées au budget départemental, comme dépenses obligatoires.

ART. 14

Tous actes faits en exécution de la présente loi seront dispensés du timbre et enregistrés gratis.

ART. 15

Les arbitres et les délégués nommés en exécution de la présente loi devront être citoyens français.

Dans les professions ou industries où les femmes sont employées, elles pourront être désignées comme déléguées, à la condition d'appartenir à la nationalité française.

ART. 16

La présente loi est applicable aux colonies de la Guadeloupe, de la Martinique et de la Réunion.

La présente loi, délibérée et adoptée par le Sénat et par la Chambre des députés, sera exécutée comme loi de l'État.

Fait à Paris, le 27 décembre 1892.

(Signé :) CARNOT.

Par le Président de la République:
Le Ministre du Commerce et de l'Industrie,
(Signé :) Jules SIEGFRIED.

COMMENTAIRE PRATIQUE

De la Loi du 27 Décembre 1892

SUR LA

CONCILIATION & L'ARBITRAGE

FACULTATIFS

En matière de différends collectifs

ENTRE PATRONS ET OUVRIERS OU EMPLOYÉS

———o◇o———

I. — Historique

———

Par l'institution du conseil des prud'hommes, la législation française a pourvu au règlement rapide et économique des litiges individuels qui s'élèvent entre patrons et ouvriers sur l'exécution des conventions ou contrats relatifs au travail ; mais elle ne s'est préoccupée que récemment des différends collectifs que peuvent soulever l'établissement de ces conventions ou contrats, leur renouvellement ou les modifications que doivent y faire introduire les transformations successives de l'industrie.

La procédure d'arbitrage instituée par le Code de procédure civile n'a, pour ainsi dire, jamais été appliquée en pareille matière. Malgré un mouvement d'opinion fortement prononcé en faveur des règlements amiables au moyen de médiateurs et en dépit des stipulations que contiennent là-dessus les statuts de nombreux syndicats d'ouvriers, l'initiative privée, abandonnée à elle-même, n'a abouti que bien rarement à la pratique effective de ce moyen d'apaisement.

Signalons toutefois maintes professions qui, même avant la loi du 21 mars 1884 sur les syndicats et surtout depuis, formèrent, quelquefois accidentellement, le plus souvent d'une façon permanente, des comités mixtes, c'est-à-dire composés de patrons et d'ouvriers, chargés de fixer les salaires et les conditions du travail et dont les efforts conciliatoires ne furent pas toujours sans résultat (1).

(1) Parmi ces comités citons :

Le conseil syndical de la Papeterie de Paris établi dès 1873 et révisé les 6 juin 1884 et 18 février 1889.

La commission arbitrale permanente des patrons et ouvriers typographes de Rouen, fondée en 1874.

La Fédération du Livre, organisée en 1881 et s'étendant sur toute la France et l'Algérie.

La commission arbitrale de la Blanchisserie parisienne, créée le 26 octobre 1891 à Boulogne-sur-Seine.

Enfin, le conseil permanent de conciliation et d'arbitrage des ouvriers d'art, réglé et adopté dans une réunion tenue le 29 mai 1892.

L'honneur d'avoir soumis au Parlement le premier projet de loi sur ce sujet intéressant revient à MM. Camille Raspail et Benjamin Raspail, députés, qui le déposèrent le 25 mai 1886 (1). Il instituait l'arbitrage obligatoire.

Quelques jours après, le 29 mai 1886, M. Lockroy, Ministre du Commerce et de l'Industrie, au nom du Gouvernement, soumettait à la Chambre une autre proposition où l'arbitrage devenait seulement facultatif.

Le 16 juin 1887, un nouveau projet fut présenté par M. Le Cour. Cette fois, il était établi, outre le conseil d'arbitrage, un comité de conciliation, lesquels pouvaient devenir permanents l'un et l'autre.

Une même commission examina les diverses propositions de MM. Raspail, Lockroy et Le Cour, et M. Lyonnais, chargé du rapport, le déposa le 27 juin 1889, un mois avant la séparation de la Chambre des députés, parvenue à l'expiration de son mandat, en sorte qu'il ne put venir en discussion. Il se prononçait contre l'arbitrage obligatoire, et établissait des conseils de conciliation et de médiation, mais n'en permettait la permanence qu'aux syndicats professionnels reconnus.

Toutes les propositions de loi sur l'arbitrage étant devenues caduques à la fin de la législature, M. Le Cour présenta, le 7 décembre 1889, son ancien projet, et

____

(1) Il est vrai qu'il avait déjà été question, en 1864, à la Chambre des députés, de la conciliation pour le règlement des conflits collectifs relatifs aux conditions du travail ; mais ce n'était qu'incidemment, lors du rapport sur le projet qui est devenu la loi des 25-27 mai 1864.

M. Camille Raspail, dans la séance du 23 janvier 1890, réintroduisit le sien légèrement modifié.

Avant de s'engager dans le débat, le Gouvernement demanda l'avis des chambres de commerce, des chambres consultatives des arts et manufactures, et des conseils de prud'hommes ; mais la plupart de ces corps organisés étaient hostiles à l'idée même d'édicter une loi nouvelle sur la matière. Notons que, dans la suite, plusieurs modifièrent leur opinion.

Le Conseil supérieur du travail fut alors chargé d'une étude approfondie sur la question. Cette étude fut faite assez promptement et d'une manière complète autant que remarquable. Le Conseil supérieur du travail y examine en premier lieu l'organisation des prud'hommes, passe ensuite en revue les diverses législations étrangères sur le règlement des salaires et des conditions du travail, découvre des faits concluants produits dans le même domaine en Angleterre et aux États-Unis d'Amérique, constate enfin l'absence chez nous de loi efficace sur cette matière, et démontre la nécessité d'en établir une dont il détermine les points principaux (1).

Adoptant les idées du Conseil supérieur du travail, M. Jules Roche, Ministre du Commerce et de l'Industrie, au nom du Gouvernement, présenta à son tour à la Chambre des députés, le 24 novembre 1891, un projet nouveau qui était destiné à aboutir, tandis que, de

____

(1) Nous franchirions les limites du plan que nous nous sommes tracé pour cet ouvrage, en analysant, dans tous ses nombreux détails, l'admirable étude du Conseil supérieur du travail.

son côté. M. Mesureur faisait, toujours sur le même sujet, une dernière proposition de loi le 14 décembre 1891.

La commission parlementaire chargée de l'examen de ces derniers projets a adopté, sauf de faibles modifications, celui qui était présenté par le Gouvernement, pour la partie ayant trait à la conciliation et à l'arbitrage accidentels, et a rejeté le surplus, relatif à la constitution de conseils permanents. Son rapport a été déposé le 23 janvier 1892 par M. Lockroy, qui en était chargé, et la Chambre l'a discuté dans ses séances des 20 et 22 octobre de la même année. De cette discussion est sorti le vote d'un texte conforme, dans son ensemble, à celui proposé par la commission, mais qui en différait cependant par divers détails et surtout par deux adjonctions qui en modifiaient sensiblement le caractère, à savoir : l'intervention d'office du Juge de paix pour proposer de recourir à la conciliation et à l'arbitrage lorsque les intéressés ne le font pas spontanément, et la nomination de l'arbitre définitif par le Président du Tribunal civil, quand les parties ne peuvent s'entendre pour le choix de cet arbitre.

Sur le rapport de M. Goblet, le Sénat a lui-même adopté, le 21 décembre 1892, le projet de la Chambre, à quelques modifications près, qui, à leur tour, ont été ratifiées par celle-ci le 24 du même mois. La loi a été promulguée trois jours après.

Et, par une précaution et une tendance heureuses, quoiqu'elle ait été destinée de prime abord à la seule industrie pour laquelle on est généralement trop disposé à la croire exclusivement faite, le législateur l'a aussi rendue applicable à l'agriculture et au commerce. Nous ne pouvons assez insister sur ce point.

C'est ainsi que devinrent officiellement consacrés la conciliation et l'arbitrage facultatifs dans les différends collectifs entre patrons et ouvriers ou employés.

L'avenir nous apprendra quelle sera l'efficacité de cette loi, qui présage de grands résultats et pour laquelle d'autres pays nous ont devancés, quoique leur législation dans la matière soit encore beaucoup moins positive et complète que, d'emblée, ne le devenait la nôtre et quoiqu'elle lui reste certainement inférieure.

Serait-ce l'exagérer que d'y voir le germe prochain d'une combinaison légale, prépondérante et suprême pour l'arrangement pacifique et décisif de conflits plus graves encore que ceux pour lesquels elle est faite : les conflits internationaux ?....

Elle se présente à nos yeux comme la sanction formelle d'un principe, nouveau dans son application, substituant le raisonnement à la violence et à la force, en même temps qu'elle est un premier et grand pas dans la voie paisible des règlements amiables pour la solution des différends d'ordre général, puisqu'elle est la seule loi, jusqu'à présent, qui s'occupe des difficultés offrant un intérêt collectif.

II. — Considérations générales

Sans émettre, défendre ou combattre ici aucune théorie sociale, nous ne serons pas contredit en soutenant que la prospérité publique réside dans la collaboration de deux agents qui sont le *capital* et le *travail*.

On dit que le premier est le moteur du second, c'est possible ; dans tous les cas, il n'est fécond que par celui-ci : ils sont donc indispensables l'un à l'autre, comme ensemble ils sont indispensables à l'agriculture, au commerce, à l'industrie.

Laissant de côté le cas trop rare où ces deux agents sont réunis dans la même main, ce qui ne se produit que pour des affaires presque intimes, nous constatons que, dans des mains différentes, il n'est pas facile de déterminer la part contributive de chacun d'eux à l'œuvre commune, et le profit qu'il en doit tirer. De là des tiraillements, des difficultés, des grèves, des luttes parfois sanglantes, en un mot des événements fâcheux, qui, toujours, amoindrissent le pays en diminuant sa production, sa fortune, sa force.

La loi du 27 décembre 1892 est destinée, en permettant de régler à l'amiable les obligations et devoirs, et les droits et bénéfices des patrons comme des ouvriers ou employés, à empêcher ou calmer de tels conflits.

Depuis longtemps, de nombreux esprits, frappés des résultats funestes amenés par la lutte entre le capital et

le travail, qui devenait une lutte de classes, après en
avoir plus ou moins bien analysé les causes, cherchèrent
les moyens d'y remédier ; mais, en pratique, tous leurs
efforts étaient restés stériles jusqu'à ce jour. Nous ne
pouvons en effet considérer les groupements comme un
remède, puisque, par l'association, l'une des parties
acquiert une puissance plus considérable, ce qui est,
sans nul doute, au détriment de l'autre. Il faut cependant reconnaître que le capital ayant suivi cette voie,
sinon de tout temps, au moins bien avant son commen-
sal, a pris sur lui un avantage et une supériorité incon-
testables dont il abusa parfois, avantage que les syndicats et les coopérations d'ouvriers n'ont pas tout à fait
détruit.

Quoi qu'il en soit, les moyens capables de faire
régner la bonne harmonie entre le capital et le
travail, produiront la solution d'un problème social
d'une importance majeure, et, de tous ceux pré-
conisés, l'arbitrage fut toujours, avec raison, considéré comme le plus efficace en cas de conflit entre
les deux éléments, quoique l'application n'en apparaît pas immédiatement d'une façon suffisamment
nette pour être pratique. Il fallait pourtant tenter un
essai.... Il en fut fait plusieurs : mais peu donnèrent un
résultat satisfaisant (1). Parmi ces derniers, nous ne

(1) On compte au nombre des médiations les plus heureuses :
1° Celle du bureau du Conseil municipal de Paris, dans la grève
des omnibus du mois de mai 1891 ;
2° Les diverses conciliations qui terminèrent la grève générale

retiendrons ici que le plus récent. Il eut lieu dans une circonstance difficile et mémorable, à l'occasion de la grève de Carmaux, qui éclata en août 1892 ; et, malgré les critiques soulevées par la décision rendue, cette décision, qu'on était libre de repousser, fut d'un effet remarquable et indiscutable : elle fut franchement exécutée, et le calme interrompu fut rétabli.

C'est sous l'impression de ces différents essais, fructueux ou non, sous le sentiment des diverses considérations que nous venons de développer, et, disons-le, sous l'inspiration probante du Conseil supérieur du travail, en même temps que d'une pensée humanitaire et patriotique, que naquit la loi du 27 décembre 1892 sur la conciliation et l'arbitrage en matière de différends collectifs entre patrons et ouvriers ou employés, laquelle loi est probablement l'œuvre législative la plus utile qui ait été produite depuis de longues années.

Nous l'avons dit, son but manifeste est de prévenir et d'apaiser les conflits qui s'élèvent entre le capital et le travail.

Susceptible, sinon de faire disparaître les grèves qui

des mineurs du Pas-de-Calais en octobre et novembre 1891 ;

3° L'arbitrage, lors de la grève de Carmaux du mois de mars 1892, où, pour la première fois, il y fut procédé régulièrement après l'échec d'un comité de conciliation ;

4° Enfin, celui prononcé le 26 octobre 1892 par M. Loubet, Ministre de l'Intérieur, lors d'une nouvelle grève à Carmaux.

Toutefois, il n'y a que ces deux dernières sentences qui, réellement, peuvent être prises pour des arbitrages ; les autres ne sont autre chose que de la conciliation.

compromettent nos industries nationales et dont la concurrence étrangère peut seule profiter, au moins d'en diminuer le nombre et d'en abréger la durée, elle sera une sauvegarde pour notre prospérité, en même temps qu'un préservatif contre le chômage du travail et la misère qui en résulte ; elle contribuera à rétablir ou maintenir l'accord et l'union dans les diverses classes de la société.

Elle ne fournit, il est vrai, aucune règle pour déterminer l'importance des bénéfices que le capital et le travail ont à retirer de l'œuvre commune, cela est impossible ; mais elle donne les moyens d'établir fraternellement et en paix, avec des garanties suffisantes d'impartialité et de justice, la part proportionnelle revenant à chacun dans ces bénéfices.

Par elle, l'ouvrier ou l'employé, comme le patron, se trouvent à même d'éviter les conflagrations qui les menacent jusque dans leurs intérêts les plus vitaux ; elle leur offre la possibilité de conclure, sans bruit et sans violence, un arrangement satisfaisant pour tous, que naguère encore il aurait été impossible d'obtenir, même au moyen des revendications les plus énergiques ou au prix des plus grands sacrifices.

Sans affirmer qu'elle sera la panacée souveraine, nous croyons qu'elle sera un palliatif puissant dans les dissidences, si fréquentes de nos jours, entre les patrons et leurs ouvriers ou employés ; et, si jamais elle pénètre complètement les masses profondes du peuple, ses bienfaits seront féconds et infaillibles : ils dépasseront toutes les espérances.

Mais, est-ce véritablement une loi ? A l'égard du patron et de l'ouvrier ou de l'employé, pour qui cependant elle est faite, juridiquement ce n'est pas une loi, car elle n'a rien d'obligatoire ni d'exécutoire : c'est une simple procédure mise à leur disposition, de laquelle ils sont libres de se servir ou de ne pas se servir. Elle ne devient réellement une loi que dans les dispositions qu'elle édicte au sujet des actes qui en sont la conséquence. Et même, nous estimons que la procédure qu'elle établit n'a aucun caractère forcé ou indispensable, qu'elle n'est en réalité qu'énumérative et indicative et que, dans le cas où on s'en écarterait, il serait impossible d'y trouver le moindre cas de nullité ou le plus petit obstacle à l'exécution de l'arrangement intervenu. Nous n'en engageons pas moins nos collègues à suivre rigoureusement les règles qu'elle trace.

Nous ne pouvons pas trop insister sur son caractère essentiellement facultatif : chacun est libre d'y recourir ou de ne pas le faire, et même, en le faisant, nul n'est obligé de se soumettre à la décision du comité de conciliation ou à la sentence arbitrale qui interviennent. L'autorité morale qu'impose l'opinion publique jointe à la loyauté et à l'honneur des intéressés sont les seuls garants de leur exécution, et celui qui s'y dérobe ne peut encourir aucune pénalité, contrainte ou réprimande.

Certes, cette loi n'est pas parfaite. On lui reproche d'être trop paperassière et d'une pratique compliquée, obscure et laborieuse, soit ; mais, comme elle est perfectible, de faibles modifications y remédieront sans peine, surtout lorsque son application aura fait découvrir, d'une manière plus positive, les défauts qu'il sera bon d'y corriger. Telle qu'elle est, elle doit déjà rendre des services inappréciables, s'il en est fait usage en toute sincérité : elle sera un acheminement décisif vers la solution par les moyens pacifiques de la question sociale posée entre le capital et le travail.

La preuve de son efficacité ressortira très promptement des expériences qui en seront faites, et les ouvriers ou employés, aussi bien que les patrons, ne tarderont pas à reconnaître les avantages qu'il est possible d'en tirer; ils seront tôt pénétrés de ses mérites et ne manqueront pas de recourir à elle à l'occasion.

C'est aux Juges de paix spécialement qu'il appartient d'en développer l'idée et d'en propager l'usage ; c'est d'eux qu'en dépend le succès. Connaissant nos collègues et leur dévouement habituel au bien public, il est permis de compter sur leur concours pour obtenir ce résultat, comme aussi de croire que nous ne serons point déçu en l'espérant. Que ces magistrats, nous les y convions, prennent donc à cœur la mission nouvelle dont les investit la loi, qu'ils s'attachent à faire aboutir les diverses tentatives de rapprochement ; qu'au besoin ils se piquent d'amour-propre pour y arriver; leurs peines, assurément, ne seront pas perdues !

III.   Cas où la loi du 27 décembre 1892 est applicable. — A qui. — Son caractère facultatif. — Ses effets.

L'article 1ᵉʳ établit en principe que les patrons, ouvriers ou employés, entre lesquels s'est produit un différend d'ordre collectif, portant sur les conditions du travail, peuvent soumettre les questions qui les divisent à un comité de conciliation et, à défaut d'entente dans ce comité, à un conseil d'arbitrage, lesquels seront constitués de la manière indiquée par les articles qui suivent.

Par conséquent, la loi n'est applicable qu'aux différends portant sur les conditions du travail et ayant un intérêt collectif; d'où il suit que, quelle que soit la difficulté qui surgit entre un patron et un ou même plusieurs ouvriers ou employés, si cette difficulté n'offre qu'un intérêt particulier, il ne peut en être fait usage. Par contre, elle embrasse toutes les professions ; aucune distinction n'est faite entre les diverses espèces de travail ; elle produira ses bons effets envers l'ouvrier agricole comme l'employé de commerce, l'ouvrier mineur comme l'ouvrier bûcheron, l'ouvrier de l'industrie comme l'employé aux écritures : il suffit que le différend porte sur les conditions du travail et présente un intérêt collectif.

Cependant, les ouvriers ou employés travaillant dans

les établissements de l'État ne peuvent être admis au bénéfice de cette loi, qui n'a pour but que le règlement de litiges d'ordre privé. C'est la seule exception qu'elle comporte : on n'a pas voulu que la puissance publique, dont l'intérêt est général, pût être à la merci d'intérêts privés, même collectifs. Et encore cette exception n'est consacrée que par les débats parlementaires qui ont précédé le vote de la loi, desquels il ressort que l'État ne peut être assimilé à un patron.

De plus, elle offre son secours, mais elle ne l'impose pas : libre à chacune des parties d'y recourir ou de ne pas le faire. Nous le répétons, elle n'a et ne peut avoir aucun caractère obligatoire ; la conciliation comme l'arbitrage sont essentiellement facultatifs, et l'accord établi dans le comité de conciliation ou la sentence rendue par les arbitres n'ont aucune force exécutoire, et ne se recommandent à l'obéissance des parties que par leur autorité morale.

Est-ce à dire qu'une telle loi n'aura aucun effet ? — Au contraire, ses effets seront surprenants et remarquables ; car, si elle ne prescrit aucune sanction, les décisions qu'elle aura permis de prendre, parfois même les résultats négatifs qui seuls en sortiront, portés par affiches à la connaissance de tous, s'imposeront quand même au respect par la seule puissance de l'opinion publique, qui sera une garantie suffisante de l'exécution des premières en même temps qu'un contrôle pour les autres et une excitation morale à un arrangement ultérieur, dans tous les cas une sauvegarde contre l'abus quel qu'il soit.

A peine est-il besoin d'ajouter que les patrons et ouvriers ou employés entre lesquels s'est élevé un différend ont toujours le droit de s'entendre directement à l'amiable, sans le concours de personne et sans observer aucune formalité, et que ce droit subsiste, même après toute tentative de conciliation et d'arbitrage, comme aussi que l'engagement qui serait pris d'avance, par les uns ou les autres, de se soumettre à la décision du comité de conciliation ou à la sentence arbitrale, n'aurait aucune valeur légale.

IV. — Demande de conciliation et au besoin d'arbitrage. — Par qui faite. — Sa forme. — Les délégués.

L'article 2 est ainsi conçu :

« Les patrons, ouvriers ou employés adressent, soit ensemble, soit séparément, en personne ou par mandataires, au Juge de paix du canton ou de l'un des cantons où existe le différend, une déclaration écrite contenant :

1° Les noms, qualités et domiciles des demandeurs ou de ceux qui les représentent ;

2° L'objet du différend, avec l'exposé succinct des motifs allégués par la partie ;

3° Les noms, qualités et domiciles des personnes auxquelles la proposition de conciliation ou d'arbitrage doit être notifiée ;

4° Les noms, qualités et domiciles des délégués choisis parmi les intéressés par les demandeurs pour les assister ou les représenter, sans que le nombre des personnes désignées puisse être supérieur à cinq. »

Dans les cas ordinaires, c'est-à-dire quand un différend d'ordre collectif s'élève entre patrons et ouvriers ou employés, mais sans qu'il y ait grève, le droit de provoquer la réunion du comité de conciliation appartient indistinctement aux uns comme aux autres : ils en sont pareillement investis les uns et les autres sans aucune préférence. Nous verrons plus loin qu'en cas de grève, cette faculté s'étend au Juge de paix.

C'est donc à la partie la plus diligente et la mieux intentionnée qu'il appartient de faire le premier pas dans la voie d'un rapprochement amiable en provoquant la réunion. Si le désir d'une entente est égal des deux côtés, la demande peut être réciproque et même collective.

Il est accordé aux patrons, ouvriers ou employés la faculté de se faire représenter par mandataires. Mais quelle sera la forme du pouvoir? — Ce pouvoir, il nous semble, n'ayant pas à être produit en justice, n'est astreint à aucune règle spéciale : il peut résulter d'une lettre ou d'un écrit quelconque, il peut même être verbal; il suffit que la volonté du mandant et la désignation du mandataire ne fassent pas doute ou soient suffisamment exprimées. Nous pensons en outre qu'étant écrit, il est dispensé du timbre et d'enregistrement, et que, si on recourt à cette dernière formalité, elle aura lieu gratis, en vertu de l'article 14. (*Voir form.* 1, *p.* 65.)

La déclaration est à remettre au Juge de paix du canton ou de l'un des cantons où existe le différend. Par conséquent, lorsque le conflit s'étend sur plusieurs cantons, la partie la plus diligente choisit le Juge de paix, qui sera saisi de l'affaire par la remise qu'elle lui fait de cette déclaration. Si plusieurs Juges de paix se trouvent saisis en même temps, par exemple l'un au moyen de la déclaration du patron, et l'autre par celle des ouvriers ou employés, ce sera aux magistrats à s'entendre ensemble pour se conformer au désir des intéressés : selon nous, la préférence reviendra à celui qui sera le plus à proximité des parties ou du plus grand nombre, ensuite à celui qui aura reçu la déclaration des ouvriers ou employés.

La demande de conciliation et d'arbitrage doit être écrite ; la loi est formelle (1) (*Voir form.* 2, *p.* 66.)

Elle doit contenir les indications plus haut énumérées, sur lesquelles il y a lieu de faire diverses remarques.

Entre autres, il est évident que, lorsque la déclaration émanera du patron, il sera le plus souvent impossible d'indiquer individuellement tous les ouvriers auxquels la proposition de tenter conciliation devra être notifiée ; il suffira donc d'en nommer quelques-uns avec leurs qualités et domiciles, et de désigner les autres d'une manière générale. S'ils s'étaient au préalable

______

(1) C'est à tort que M. Lelong, notre honorable collègue de Clères, dans son commentaire, enseigne que rien ne s'oppose à ce qu'elle soit reçue verbalement.

choisi des délégués ou s'ils étaient syndiqués, les noms de ces délégués ou celui du président du syndicat seraient tout indiqués pour y figurer individuellement.

Puis, l'initiative de la proposition de conciliation étant prise par le patron, celui-ci a le loisir de se présenter en personne au comité de conciliation, et peut s'abstenir de choisir aucun délégué pour l'accompagner ou le représenter; mais alors, il sera prudent d'indiquer qu'il assistera seul et en personne à la réunion. Il en serait encore de même pour les ouvriers ou employés dans la situation semblable, à condition que leur nombre ne dépassât pas cinq afin qu'il leur fût possible d'assister tous à la réunion.

Les parties ne pourront respectivement figurer au comité de conciliation en nombre supérieur à cinq. On comprend la nécessité de la limite imposée, en raison du nombre généralement considérable des ouvriers en cause. Quant à la nomination des délégués, les intéressés y procèdent à leur fantaisie, sans être astreints à aucune règle.

Cependant, d'après l'article 2, ces délégués ne seront choisis que parmi les seuls intéressés, en sorte qu'il ne suffit pas d'avoir la même profession, et que les ouvriers d'une usine, par exemple, ne peuvent se faire représenter par ceux d'une autre usine, quand même cette autre usine ferait le même travail, pas plus qu'un patron ne pourrait choisir un autre patron : il ne peut se faire accompagner ou représenter que par des personnes appartenant à l'établissement qu'il dirige.

L'article 15 exige en outre que les délégués soient

citoyens français : il faut entendre par ces mots qu'ils appartiendront à la nationalité française, seront majeurs et auront la jouissance de leurs droits civils, civiques et politiques.

Le paragraphe 2 du même article 15 permet de désigner les femmes comme déléguées dans les professions ou industries qui les emploient. Il y a tout avantage, dans la circonstance, à ce qu'il en soit ainsi, et il y aurait quelquefois impossibilité à ce qu'il en fût autrement ; en effet, certaines professions ou industries emploient exclusivement des femmes : comment pourraient-elles se faire représenter par des hommes, alors que la loi oblige à choisir les représentants parmi les seuls intéressés ? Mais les femmes déléguées devront être majeures, appartenir à la nationalité française et aussi n'avoir subi aucune condamnation.

Toutefois, malgré ce que nous venons de dire relativement aux conditions exigées pour les délégués, nous pensons que, la question de nationalité exceptée, il ne faut pas être trop rigoureux pour le surplus, et que dans certains cas il y aura, au contraire, intérêt et même nécessité à accepter quelqu'un qui ne remplirait pas toutes les autres conditions. Le bon sens nous fait décider également que le patron de nationalité étrangère, capable néanmoins de profiter des avantages de la loi du 27 décembre 1892, soit à sa demande, soit à celle de ses ouvriers ou employés, peut aussi assister personnellement à la réunion du comité de conciliation; mais il lui est interdit de désigner, pour y prendre part, un délégué ou un mandataire qui ne serait pas français.

On a vu que le nombre des délégués au comité de conciliation ne pouvait dépasser cinq pour chacune des parties; mais ce nombre peut ne pas être atteint : il est évident, par exemple, que les ouvriers ou employés ont le droit de choisir parmi eux un seul délégué, et que le patron a la faculté de se présenter même seul, comme aussi de se faire assister d'un unique délégué.

Les parties sont libres, en outre, non seulement de se faire assister, mais encore de se faire représenter par des délégués : le patron peut donc ne pas comparaître en personne à la réunion de conciliation, en confiant cette mission à un mandataire au moins et à cinq au plus, pourvu que les individus désignés ne soient point étrangers à l'affaire litigante (1). Quant aux ouvriers ou employés, on comprend qu'ils seront plus fréquemment représentés qu'assistés par leurs délégués.

V. — Procédure qui suit la demande de conciliation

La proposition de conciliation remise par le ou les demandeurs, le Juge de paix en délivre immédiatement un récépissé avec mention de la date et de l'heure du dépôt. (*Voir form.* 3, *p.* 69.) Il la notifie dans les

(1) Dans son instruction ministérielle, M. le Garde des Sceaux emploie par erreur le mot « usine » : la loi du 27 décembre 1892 n'est pas exclusivement faite pour l'industrie.

24 heures par lettre recommandée et sans frais à la partie adverse. (Art. 3.) (*Voir form. 5 n° 1°, p. 70.*)

Sans frais, par lettre recommandée!.... Il faut donc que le juge ait franchise postale avec tous les intéressés pour la transmission des notifications. Cette faculté résulte presque formellement de l'article 3 et implicitement de la gratuité qu'entraîne la loi pour toutes les formalités qu'elle stipule. Il suffira probablement au Juge de paix de contresigner la lettre en la revêtant des mots : « *Exécution de la loi du 27 décembre* 1892 ». Mais que faut-il entendre par lettre recommandée ? Est-ce le pli chargé, sans désignation de valeur, dont le destinataire donne décharge ? On serait tenté de le penser; car ce moyen semblerait fournir une preuve de la notification. Toutefois, nous penchons à croire qu'il s'agit tout bonnement d'une lettre fermée sur laquelle, outre le contre-seing, nous mettrions les mots : « *Lettre recommandée* ». Avec le contre-seing, l'enveloppe porterait donc les deux mentions : « *Lettre recommandée* » et « *Exécution de la loi du* 27 *décembre* 1892 ». Et nous sommes d'autant plus autorisé à penser ainsi, que, en cas de recommandation, l'affranchissement par l'expéditeur étant obligatoire, si le Juge de paix ne jouissait pas de la franchise dans la circonstance, il aurait à payer lui-même cet affranchissement, tout au moins à l'avancer; or, il ne peut y être astreint et son maigre traitement ne le lui permet guère.

Cependant, quelques auteurs pensent que, malgré la gratuité stipulée pour toutes les formalités que vise la loi, le Juge de paix n'ayant pas de franchise postale avec les particuliers, ne peut leur faire parvenir les notifications en question que par l'intermédiaire du maire de la commune, qui sera invité à en faire faire la remise au destinataire.

Tel n'est pas notre avis, d'abord pour les raisons que nous venons d'indiquer, ensuite à cause de la brièveté du délai de 24 heures imparti pour faire les notifications qui sont prescrites par lettre recommandée à la partie adverse ; or, une lettre semblable à un maire, chargé de la faire parvenir au destinataire, n'arriverait pas recommandée à celui-ci, et puis, si la commune se trouve sur un canton voisin, il faut recourir à l'entremise du collègue de ce canton : double retard.

Nous reviendrons un peu plus loin sur cette question pour compléter notre appréciation.

Au besoin, ajoute ledit article 3, la notification est faite par affiches apposées aux portes de la justice de paix des cantons et à celles de la mairie des communes sur le territoire desquelles s'est produit le différend.

Les mots « au besoin » sont superflus; car l'article 12 fait une obligation de l'affichage de la demande de conciliation et d'arbitrage. Par conséquent, les deux procédés de notification, par lettres et par affiches, devront *toujours* avoir lieu cumulativement, à moins que les deux parties n'aient formé respectivement une déclaration particulière ou se soient mis d'accord pour faire une déclaration collective ; auquel cas la notification par lettre n'a plus d'utilité, et le Juge de paix n'a qu'à faire afficher et à convoquer immédiatement le comité de conciliation.

Mais comment le magistrat, touché par la déclaration, peut-il, *dans les 24 heures*, en faire la notification et surtout faire afficher, non-seulement à la porte de sa justice de paix, mais encore à la justice de paix des autres cantons et aux mairies des cantons et communes où se produit le différend ? — En présence d'une semblable impossibilité matérielle, le délai imparti ne peut être de rigueur, et il faut le prendre pour une invitation pressante d'avoir à procéder, sinon sans délai, au moins sans perte de temps.

Quant à la rédaction des lettres de notification et des affiches, elle sera simplement la copie de la déclaration faite par la partie demanderesse, à laquelle il sera bon d'ajouter quelques instructions ou indications sur les formalités qui incombent à l'autre partie. (*Voir form.* 5, *p.* 70.)

Au reçu de la notification (article 4), les intéressés ont trois jours pour faire parvenir leur réponse au Juge de paix. Si ce temps expire sans aucune déclaration de leur part, leur silence est considéré comme un refus.

Néanmoins, le délai de trois jours n'est pas formel, et il suffit d'avertir qu'il est insuffisant à raison de tel ou tel motif, en indiquant quel délai sera nécessaire, pour le prolonger à discrétion jusqu'à l'époque demandée. (*Voir form.* 6, *p.* 73.)

Il nous semble même que, malgré le temps écoulé depuis la notification, le différend continuant à subsister entre les parties, l'acceptation de la proposition de recourir à la conciliation et à l'arbitrage ne devra jamais être rejetée par le Juge de paix. Ce n'est peut-être pas la lettre de la loi, mais c'est assurément son esprit. En agissant autrement, le magistrat cantonal manquerait à son rôle de paix dans l'application d'une loi de conciliation dont le but et l'intention sont de faire cesser une difficulté capable de nuire à l'accord qu'il y a intérêt à voir régner entre toutes les classes de la société. Devant une question aussi importante, une formalité de délai ne peut faire obstacle. Bien mieux, conformément à ce que nous avons dit plus haut, nous considérons que l'irrégularité de procédure la plus grave ne peut préjudicier en rien au résultat de la conciliation ou de l'arbitrage, attendu que la loi qui nous occupe est tellement facultative, platonique même, que, pour ainsi dire, elle n'en est pas une et que, par suite, les formalités qu'elle édicte sont plutôt indicatives qu'obligatoires. Ainsi donc que le terme de 24 heures stipulé pour la notification de la demande de recourir à la conciliation, les trois jours accordés pour la réponse à y faire doivent se comprendre comme une invitation pressante à fournir cette réponse dans le plus bref délai.

Il est prescrit au Juge de paix de transmettre dans les 24 heures aux demandeurs, la déclaration pour prolonger le délai de réponse, sans qu'il soit spécifié aucune règle pour cette transmission; il faut croire qu'elle aura lieu dans les formes déterminées en l'article 3 pour les demandes de conciliation et d'arbitrage. (*Voir form.* 7, *p.* 74.)

Les intéressés à qui est faite la notification désignent dans leur réponse les noms, qualités et domiciles des délégués choisis pour les assister ou les représenter, sans que le nombre des personnes désignées puisse être supérieur à cinq. (*Voir form.* 11, *p.* 77.)

Inutile de répéter que, l'initiative venant des ouvriers et, par conséquent, la notification étant faite au patron, celui-ci a le loisir de se présenter seul au comité de conciliation, et peut s'abstenir de choisir aucun délégué pour l'assister ou le représenter ; dans ce cas, il paraît bon, comme nous l'avons dit plus haut, d'indiquer qu'il se présentera seul et en personne à la réunion. Il peut aussi se faire assister ou représenter, et désigner à cet effet des personnes prises dans sa maison, telles que directeurs, ingénieurs, contremaîtres ou autres, pourvu que, lui compris, leur nombre ne soit pas supérieur à cinq.

Ce nombre cinq est un maximum ; il a été fixé pour éviter d'avoir un seul homme d'un côté, et cinquante, cent ou plus de l'autre, ce qui rendrait certainement les explications difficiles. sinon impossibles, et amènerait la confusion de la discussion. Mais, puisqu'il ne s'agit pas de voter, il n'est pas nécessaire que le nombre des délégués soit égal de part et d'autre ; il suffit de ne pas être plus de cinq de chaque côté.

Notons encore qu'à la demande de recourir à la conciliation et à l'arbitrage, il peut être répondu par un refus. (*Voir form.* 8, *p.* 74.)

VI. — Réunion du comité de conciliation

Aussitôt que la proposition de recourir à la conciliation est acceptée, porte l'article 5, le Juge de paix invite d'urgence les parties ou les délégués désignés par elles à se réunir en comité de conciliation.

La loi ne précisant pas la forme dans laquelle ces invitations doivent être adressées, il convient, dit le Garde des Sceaux, de s'en remettre à la sagesse du magistrat, qui choisira, suivant les circonstances, le mode le plus prompt et le plus sûr. (*Voir form*. 12, *p*. 78.)

Nous pensons, en conséquence, conformément à l'opinion que nous avons déjà émise, que le Juge de paix peut aviser directement, par la poste, les membres du comité, et qu'il aura franchise pour le faire en énonçant qu'il s'agit de l'application de la loi du 27 décembre 1892. S'il en était autrement, ce magistrat devrait employer l'intermédiaire des maires pour cette transmission, directement dans son canton et par l'entremise de son collègue pour les communes d'un autre canton. Toutefois, si un pareil moyen paraissait amener des lenteurs préjudiciables, ce qui est à craindre dans des affaires semblables, il vaudrait mieux recourir à l'affranchissement en en faisant porter les frais au budget départemental comme dépenses obligatoires, en exécution de l'article 13 de la loi.

Les réunions du comité de conciliation ont lieu en

présence du Juge de paix, qui est à la disposition du comité pour diriger les débats, ajoute l'article 5.

Ces termes sont quelque peu obscurs, et il est regrettable qu'ils n'aient pas été interprétés d'une façon plus catégorique par M. le Ministre de la Justice, ou plutôt que le législateur n'ait pas été plus pratique.

Que faut-il entendre en disant que les réunions ont lieu en présence du Juge de paix, qui est à la disposition du comité pour diriger les débats? Ce magistrat doit-il attendre que le comité, fortuitement embarrassé, l'invite à prendre cette direction? — Telle n'est pas notre opinion. A notre humble avis, quoique contrairement à celui de M. le Garde des Sceaux, qui estime que le Juge de paix ne peut présider la réunion et diriger le débat que si les parties intéressées en manifestent le désir, nous croyons que ce magistrat étant toujours, c'est-à-dire à chaque réunion, à la disposition du comité pour diriger les débats, il doit forcément en prendre la direction et qu'il lui est, au contraire, interdit d'échapper à cette mission, pour laquelle il est constamment disponible (1).

(1) Nous émettons ici une opinion qui nous est exclusive et qui probablement ne sera partagée théoriquement par personne, tout en étant suivie dans la pratique par tous nos collègues. Quoi qu'il en soit et jusqu'à meilleure démonstration, nous la tiendrons pour bonne.

Dans les discussions soulevées par la loi du 27 décembre 1892, soit à la Chambre des députés, soit au Sénat, soit même au sein des commissions, il a fort peu été question de l'article 5, qui est passé presque sans observation.

Qu'il n'ait ni voix consultative ni voix délibérative, rien de plus légitime : il n'a pas les connaissances techniques pour peser les prétentions des parties en

Le Sénat seul, dans sa séance du 19 décembre 1892, en a quelque peu parlé pour en modifier la rédaction primitive.

Le projet voté par la Chambre, pour la partie qui nous occupe, était celui-ci : « Les réunions (des délégués) ont lieu en présence du juge de paix, qui est à leur disposition pour diriger les débats s'ils le désirent, mais n'y peut avoir que voix consultative. » (Les mots « des délégués » n'existaient pas, et la phrase s'en trouvait des plus incorrectes.)

A la suite d'un amendement de M. Poirrier, la commission fit plusieurs suppressions à l'article, et son rapporteur, en l'annonçant, terminait ainsi sa déclaration : « Il reste donc, disait-il, (de l'article 5) le premier paragraphe, le second avec la suppression des mots — en nombre égal — et le dernier comme au projet, sauf le membre de phrase portant que le juge de paix ne peut avoir que voix consultative. En effet, DIRIGER LES DÉBATS implique qu'on ne vote pas, et, lorsqu'il n'y a pas de vote, il y a simplement voix consultative. »

La fin de l'article était alors ainsi conçu : « Les réunions (des délégués) ont lieu en présence du juge de paix, qui est à leur disposition pour diriger les débats, s'ils le désirent. » (La phrase restait incorrecte, mais la volonté du rédacteur était suffisamment apparente.)

Copions maintenant le *Journal Officiel* :

« M. BLAVIER. — Pourquoi dire « s'ils le désirent » ? C'est inutile.

« M. LE PRÉSIDENT. — On me fait observer qu'il n'y a pas lieu de « mettre « s'ils le désirent ». Evidemment, ces mots sont superflus ; « car, s'ils ne le désirent pas, il n'y a pas de comité de conci- « liation..... (???)

« M. BLAVIER. — Ils peuvent ne pas désirer être présidés par le « juge de paix.

« M. LE PRÉSIDENT. — Cela va de soi, M. Blavier.

« M. TOLAIN. — « Qui est à leur disposition », cela ne veut pas « dire qui est obligatoirement leur président. »

cause ; il n'a à prendre parti ni pour l'une ni pour l'autre, il n'a pas à statuer. Mais, qu'il assiste à la réunion pour y jouer le seul rôle de spectateur indifférent ou même celui de simple rédacteur ou secrétaire, voilà qui est inadmissible et ce ne peut être ce qu'a voulu la loi.

Au surplus, il y a mieux. Nous sommes persuadé qu'il appartient au Juge de paix, non seulement d'inviter les membres du comité à se réunir, mais encore de fixer les lieu, jour et heure de la réunion, en un mot d'organiser cette réunion. Et la pratique nous donnera raison. Est-il possible, en effet, de laisser un tel soin à l'initiative des membres du comité, ou celui-ci se réunira-t-il spontanément? — Assurément non. Quoique la loi et la circulaire du Ministre de la Justice soient muettes à ce sujet, le devoir du magistrat cantonal est de faire le

Et la commission retrancha les mots « s'ils le désirent » sans autre explication.

Quoi conclure de cette discussion incomplète et tronquée ? Faut-il voir, dans la suppression inexpliquée qui eut lieu, l'abolition de la faculté précédemment accordée au comité de se faire ou de ne pas se faire présider par le juge de paix? M. Blavier donne à penser que, dans son esprit, la disparition qu'il obtenait des mots « s'ils le désirent », rendait le juge de paix président de la réunion, et il est permis de supposer que M. le Président du Sénat l'entendait de même, tandis que M. Tolain, sans déclarer s'il valait mieux qu'il en fût ainsi ou différemment, comprenait autrement les termes employés

Et voilà pourquoi, l'intention du législateur ne nous apparaissant pas nettement, pour ne pas esquiver la question, nous nous sommes attaché à voir le texte dans le sens le plus conforme à la raison.

nécessaire pour réunir le comité et non pas seulement de l'inviter à se réunir, même d'urgence.

Dans l'espèce, le rôle du Juge de paix sera donc de procéder à l'organisation de la réunion du comité, puis de présider cette réunion, mais *sans participation* aux débats, dresser, s'il y a lieu, ou plutôt faire dresser par le greffier procès-verbal de la conciliation, ou déclarer qu'il n'y a pas entente et, dans ce cas, inviter les parties à porter la question devant des arbitres et à nommer ces arbitres.

Il est évident que, le comité ayant à se réunir dans une commune autre que celle où réside le Juge de paix, ce magistrat devra se transporter dans la commune où siége le comité pour organiser et présider la réunion.

Remarquons aussi qu'aucun conseil, avocat ou homme d'affaires ne peut être admis ou toléré au comité de conciliation : la loi l'écarte formellement en disant que n'y peuvent figurer que les parties et leurs délégués ou mandataires et encore sous la condition d'y être intéressés. Mais, bien entendu, chacun des membres du comité, en dehors et au préalable, est libre de se consulter vers qui bon lui semble, s'il le juge à propos. Ajoutons même que, les membres du comité ne devant raisonnablement agir qu'en conformité de leurs intérêts et de ceux de leurs commettants, si certains d'entre eux, patrons, ouvriers ou employés, croyaient utile de prendre l'avis de mandants, d'associés, d'administrateurs ou même de personnes non intéressées, comme aussi s'ils se figuraient ne pas avoir les pouvoirs suffisants, l'esprit de la loi, qui ne vise que la tolérance, indique assez qu'il faudrait les mettre à même d'obtenir toutes autorisations nécessaires et se renseigner convenablement pour pouvoir décider en toute sécurité avec les connaissances voulues. A cet effet il devrait leur être accordé tout délai nécessaire.

VII.—Procédure du comité de conciliation. Conciliation et défaut de conciliation. — Nomination d'arbitres.

Si la conciliation aboutit dans le comité, les conditions de l'accord sont consignées dans un procès-verbal dressé par le Juge de paix et signé par les parties ou leurs délégués. (Article 6.) (*Voir form.* 13, n^b 1°, *p.* 80.)

Le procès-verbal de la délibération est rédigé par le Juge de paix, dit la loi; il n'est pas question du greffier. Cependant, il nous semble que la rédaction du procès-verbal doit se faire par ce dernier, qui sera alors présent à la réunion. En outre, la même loi ajoute que ledit procès-verbal sera signé par les parties ou leurs délégués : le Juge de paix n'aurait donc pas à le signer ? — Nous engageons néanmoins nos collègues à ne pas omettre de le faire et même d'y faire également apposer la signature de leur greffier, si celui-ci en est le rédacteur. Du reste, M. le Garde des Sceaux paraît partager notre opinion, puisqu'il voit, dans la rédaction de ce procès-verbal, un cas particulier des dispositions de l'article 54 du Code de procédure civile dont l'application est familière aux magistrats cantonaux.

Or, comment se dresse le procès-verbal prévu par l'article 54 du Code de procédure civile ? — Avec l'assistance du greffier, lequel, au reste, assiste le Juge de paix dans ses fonctions toutes les fois qu'il en est requis.

Puis le Juge de paix, nous l'avons vu, remplira les fonctions de président du comité : comment pourrait-il joindre à ces fonctions celles de secrétaire ? — Il y aurait là incompatibilité évidente. Son attention comme président doit être constante, et il ne pourrait s'astreindre à écrire lui-même les procès-verbaux, ce qui serait peu conforme à sa dignité de magistrat, lequel ne tient jamais la plume.

Le soin de rédiger ces procès-verbaux revient donc forcément au greffier, dont la présence à la réunion ne saurait avoir aucun inconvénient, puisqu'elle n'implique de sa part, là comme ailleurs, aucune immixtion dans les débats. L'assistance du greffier ne résulte-t-elle pas, en outre, de l'article 11, qui décide que les procès-verbaux seront conservés en minute au greffe de la Justice de paix qui en délivre les expéditions ; et le soin d'écrire les minutes n'est-il pas exclusivement dévolu au greffier ?

La délibération du comité est dressée en minute, et nous savons déjà qu'elle est dispensée du timbre et sera enregistrée gratis. (Article 11.) L'enregistrement en est donc obligatoire, et la responsabilité de cette formalité est encore de celles qui incombent au greffier.

La décision du comité de conciliation doit être rédigée avec soin, afin d'éviter toute fausse interprétation, qui pourrait amener les inconvénients les plus graves.

Quoique l'accord en conciliation n'ait au premier abord qu'une valeur morale, il est en même temps un contrat synallagmatique, et, si les parties contractantes, patrons comme ouvriers ou employés, en exécutent les conditions, il devient une convention parfaite, capable de donner naissance à l'action en dommages-intérêts contre celui qui la viole en dehors des délais ou mises en demeure d'usage.

Si l'accord ne s'établit pas au comité de conciliation, continue l'article 7, le Juge de paix invite les parties à désigner, soit chacune un ou plusieurs arbitres, soit un arbitre commun.

Cette fois, il est positivement assigné au Juge de paix un rôle qui n'est plus celui d'intermédiaire ou de simple spectateur ou rédacteur; mais ce rôle est parfaitement déterminé, et le magistrat cantonal devra s'abstenir avec grand soin de s'en écarter en pesant sur le choix des arbitres ou en l'inspirant : c'est pourquoi nous pensons qu'il ne doit, en aucune façon, participer aux débats (1).

L'accord n'étant pas intervenu, un procès-verbal n'en est pas moins dressé pour relater les causes du dissentiment qui seront la matière de l'arbitrage, et indiquer le nom de l'arbitre ou des arbitres désignés. (*Voir form.* 13, n° 2°, p. 82.)

L'article 11 ne prescrit pas de déposer ce procès-verbal au greffe de la justice de paix ; néanmoins,

---

(1) M. Lelong, dans son Commentaire, laisse présumer une opinion différente.

nous pensons qu'il serait préférable de le faire (1) ; autrement, il y aurait lieu de le remettre aux arbitres, dans le but de les éclairer sur la contestation qui leur sera soumise.

La loi veut (article 13) que les arbitres, comme les délégués, soient citoyens français, et à plus forte raison encore, puisqu'ils sont investis d'une véritable magistrature : c'est pour cette cause qu'il a paru impossible de confier aux femmes, qui cependant peuvent être déléguées, le rôle d'arbitres ; mais les mêmes femmes, en qualité de déléguées, participeront à la nomination des arbitres.

A la différence des délégués, les arbitres seront pris en dehors des intéressés ; cela va de soi.

L'une et l'autre parties ont le droit de désigner un ou plusieurs arbitres, sans limite ; par conséquent, elles peuvent en nommer un, deux, trois ou même un plus grand nombre ; mais, comme il s'agit de constituer une véritable juridiction, il est indispensable, pour assurer à tous des garanties égales, qu'un même nombre d'arbitres soit pris d'un côté et d'autre.

Les parties peuvent encore constituer un arbitre commun ; et, si le texte ne parle que d'un arbitre commun, puisqu'il est reconnu aux deux parties le droit de choisir plusieurs arbitres, il est certain qu'elles peuvent confier en commun l'arbitrage à plusieurs personnes.

Il résulte des termes de la loi que les membres du comité de conciliation, plus spécialement les délégués

____

(1) M. Lelong n'est pas de cet avis.

et représentants, sont présumés, investis d'un double mandat, d'abord celui de tenter l'arrangement du différend et, en cas d'impossibilité, celui de nommer des arbitres. Si, cependant, ils pensaient ne pas avoir ce dernier mandat, il faudrait, comme nous l'avons déjà indiqué, leur accorder la facilité de le demander et le temps nécessaire pour l'obtenir.

Maintenant, que faire si le comité de conciliation, incapable de s'entendre pour terminer le conflit, refusait aussi de désigner des arbitres? — Dans ce cas, il n'y aurait qu'à considérer la tentative de conciliation comme ayant définitivement échoué et à rédiger un procès-verbal dans ce sens, sauf à renouveler l'essai un peu plus tard, s'il était alors permis de croire le rapprochement possible.

Que faire également, si quelques délégués ne répondaient pas à leur convocation, et ne se présentaient pas au comité de conciliation? Que vaudrait alors la décision prise? — Nous pensons que, tous les délégués étant régulièrement convoqués, le comité de conciliation peut valablement délibérer, pourvu que les deux parties soient représentées; et la décision ainsi prise aura une valeur identique à celle que lui aurait donnée la présence de la totalité des délégués, son autorité, dans l'un et l'autre cas, étant essentiellement morale.

VIII. — Arbitrage

L'article 7 termine en disant que, si les premiers arbitres ne s'entendent pas sur la solution à donner au différend, ils pourront choisir un nouvel arbitre pour les départager. (*Voir form*. 15. n° 3°, *p*. 87.)

Ce dernier paragraphe aurait sans doute mieux trouvé sa place ailleurs qu'en l'article 7 : il n'en suggère pas moins un certain nombre de considérations qui ne manquent pas d'intérêt.

On voit notamment que le premier devoir des arbitres est d'examiner le litige et d'en tenter l'accord, en sorte qu'il n'y a lieu à la désignation d'un arbitre départiteur que lorsque cette tentative a échoué.

Il n'est pas prescrit, pour le cas qui nous occupe, la rédaction d'un procès-verbal, pas plus du reste, que pour la nomination des arbitres par le comité de conciliation ; mais nous pensons que cela s'impose, comme nous croyons qu'il sera convenable de déposer le procès-verbal dressé dans l'un ou l'autre cas, au greffe de la justice de paix, quoique l'article 11 ne le dise pas.

En outre, il ne s'agit pas ici du tiers arbitre des articles 1017 et 1018 du Code de procédure civile, lequel est tenu de se conformer à l'un des avis des autres arbitres, sans pouvoir proposer une solution nouvelle. Il résulte clairement de la loi et des débats qui lui ont donné naissance, que le troisième arbitre dont s'agit peut, au contraire, avoir une opinion propre, sans être enchaîné par le sentiment de ceux qui ont prononcé avant lui. Ses pouvoirs sont identiques à ceux des arbitres nommés d'abord. Il se réunit à eux pour former, avec une composition modifiée, le tribunal arbitral, qui décidera à la majorité. Il peut proposer un système nouveau ou une transaction entre les deux premiers. Afin de faire clairement apparaître cette innovation, le législateur de 1892 a, intentionnellement, remplacé par les mots « nouvel arbitre », la dénomination de tiers arbitre dont se sert le Code de procédure civile.

Il est inutile de faire observer qu'il ne peut être pris pour arbitre départiteur qu'une seule personne.

Mais comment seront convoqués les arbitres ? Comment leur nomination sera-t-elle portée à leur connaissance ? — La loi s'est renfermée dans un mutisme complet à ce sujet ; au contraire, dans la pratique, il ne peut guère faire doute que ce soin ne reste à la charge du Juge de paix. Ce magistrat devra donc notifier aux arbitres la décision qui les nomme et en même temps provoquer leur réunion, s'ils sont plusieurs, et, s'il n'en existe qu'un, l'inviter à dresser son rapport dans le plus bref délai. (*Voir form.* 14, *p.* 83.)

Par l'article 8, il est stipulé que, si les arbitres ne s'entendent ni sur la solution à donner au différend ni sur le choix de l'arbitre départiteur, ils le déclareront dans le procès-verbal, et le nouvel arbitre sera nommé par le Président du Tribunal civil sur le vu dudit procès-verbal, qui lui sera transmis d'urgence par le Juge de paix. (*Voir form.* 15, *n*° 4°, *p.* 88.)

Donc, les arbitres ne sont tombés d'accord ni sur le fond du litige ni sur le choix d'un départiteur: le procès-verbal en est rédigé puis remis, en conformité de l'article 9, au Juge de paix, qui le transmet d'urgence au Président du Tribunal civil, lequel nomme immédiatement le nouvel arbitre sur le simple vu de ce procès-verbal.

Remarquons que le nouvel arbitre, dans le cas dont s'agit, est nommé par le Président du Tribunal civil et non par le Juge de paix. La chose est au moins bizarre, cependant c'est la loi. — M. le Garde des Sceaux, frappé lui-même de cette invraisemblance, a bien voulu tenter d'en établir la justification, mais sa tentative ne la rend que plus sensible. En effet, il dit que le Juge de paix n'a point reçu la mission de nommer le départiteur, parce qu'il a déjà connu du différend lors de la convocation de l'assemblée de conciliation, parce qu'il y a siégé, parce qu'il a pu diriger les débats et, à cette occasion, manifester ou laisser pressentir son opinion. — Voyons, il semble pourtant que le Juge de paix, s'il faut s'en tenir au texte de la loi et à son application, n'a été jusqu'ici qu'un simple agent de transmission et que, s'il est vrai que la force des choses le contraigne à jouer un rôle quelque peu moins effacé, ce rôle ne lui est même pas formellement attribué ; du reste, il ne connaît jamais du différend, même s'il dirige les débats du comité de conciliation, où il ne siège en aucune façon ; il n'a pas davantage à manifester ni à laisser pressentir son opinion, puisque le législateur ne fait de lui qu'un simple secrétaire et que, si la nécessité l'oblige à présider la réunion, il n'y a là aucun motif pour qu'il se prononce dans un sens ou dans un autre, ni même qu'il ait une opinion dans la question : il n'a pas voix délibérative, pas même voix consultative. Au surplus l'argument invoqué est sans valeur ; car il faudrait alors admettre que tous experts ou arbitres, dans la procédure ordinaire, ne pourraient jamais être nommés par l'autorité judiciaire qui a à connaître du différend, et, dans la circonstance, le Juge de paix n'a pas à en connaître, qu'il soit chargé ou non du choix du sur-arbitre.

Néanmoins, le départiteur est nommé par le Président du Tribunal civil sur le vu du procès-verbal des premiers arbitres, constatant qu'ils n'ont pu s'entendre pour en faire le choix.

Mais, comme le Président du Tribunal civil sera généralement assez embarrassé pour savoir quel nouvel arbitre il devra choisir, tandis que le Juge de paix sera infiniment mieux placé pour faire ce choix, et comme il est urgent de faire diligence, nous donnons le conseil à nos collègues de proposer à la nomination du Président du Tribunal civil la personne qu'il y a lieu de désigner. (*Voir form*. 17, *p*. 91.)

Par l'article 11, les procès-verbaux et décisions du comité de conciliation et des arbitres sont conservés en minute au greffe. Or, sera-ce l'original de la délibération infructueuse des premiers arbitres qu'il faudra transmettre au Président du Tribunal civil ou sera-ce une expédition ? — Aucun doute n'est possible d'après la rédaction de l'article 8 : il n'y est pas question de transmettre une expédition, mais bien le procès-verbal ; il paraît du reste plus rationnel qu'il en soit ainsi, afin de faire le dépôt de l'original au greffe de la justice de paix, seulement après qu'il aura été revêtu de l'ordonnance de nomination du nouvel arbitre, et en raison de ce que c'est cet original qui doit être déposé au greffe.

Il est vraisemblable que la décision du Président du Tribunal civil mise à la suite dudit procès-verbal sera retournée au Juge de paix. (*Voir form.* 18, *p.* 92.)

Celui-ci devra immédiatement porter à la connaissance du nouvel arbitre sa nomination par la notification, au moyen de l'expédition du procès-verbal des premiers arbitres et de l'ordonnance y faisant suite, ou mieux au moyen d'une simple lettre, qu'il lui adresse de la manière indiquée ci-dessus. Il en sera de même en cas de nomination du sur-arbitre par les précédents médiateurs. (*Voir form* 16, *p.* 89.)

Aucun délai n'est fixé pour la sentence arbitrale ; mais on comprend qu'il y a toujours nécessité de l'obtenir le plus vite possible, et que les parties ont grand intérêt à en presser la solution en invitant les arbitres à faire diligence.

Si les arbitres se sont mis d'accord pour le règlement du différend, leur décision prise, rédigée et signée par eux, est remise au Juge de paix. (Article 9.) (*Voir form.* 15, *n^os* 1° *et* 2°, *p* 84 *et* 86.)

Or, l'article 11 prescrit de conserver cette pièce en minute au greffe de la Justice de paix. N'en faut-il pas conclure que les arbitres la déposeront directement au greffe de la Justice de paix, où il en sera dressé un acte de dépôt ? — En raison de ce que le procès-verbal établi en conformité de l'article 8 doit aussi être conservé de la même manière, et que, néanmoins, le dépôt n'en serait que difficilement fait par les arbitres, puisque, au préalable, il a à être transmis au Président du Tribunal civil, nous penchons à adopter, pour les deux cas, l'incertitude du texte qui ne charge spécialement personne d'un tel soin. Alors le dépôt pourrait être fait par le Juge de paix, et il en serait dressé acte par le greffier.

Constatons, à ce propos, que le procès-verbal de la délibération du comité de conciliation, rédigé par le Juge de paix avec le concours du greffier, se place au rang des minutes du greffe, sans qu'il y ait lieu de dresser un acte de dépôt, tandis que la sentence arbitrale, qui émane de particuliers, doit être déposée pour être conservée au greffe, où elle sera classée à la date de son dépôt. Tous ces actes et procès verbaux, dispensés de timbre, seront, bien entendu, répertoriés et enregistrés gratis.

Aucune forme spéciale n'est imposée à la sentence arbitrale ; mais, pour que les conventions faites et acceptées soient exécutées sans difficulté, sans arrière-pensée et sans appréhension de nouveaux conflits, souvent plus intenses que les premiers, on ne négligera pas d'apporter le plus grand soin à sa rédaction. Tous les points à examiner devront y être appréciés, et les termes en seront précis, afin que l'interprétation n'en soit jamais douteuse. (*Voir form.* 15, *p.* 84.)

L'article 2046 du Code civil permet de transiger sur l'intérêt civil résultant d'un délit ; c'est pourquoi les sentences arbitrales et les décisions du comité de conciliation pourront statuer sur des faits qui constituent des atteintes à la liberté du travail ou autres délits, soit à l'égard du patron, soit à l'égard des ouvriers ou employés ; mais elles ne seront jamais un obstacle aux poursuites du Ministère public.

Aussi notre honorable collègue M. Lelong enseigne-t-il, avec raison, que les arbitres feront bien de se rappeler cette circonstance pour régler, le cas échéant, le montant des dommages-intérêts pouvant résulter d'un délit commis ou du fait de la cessation brusque et imprévue du travail, de façon à éteindre les actions qui pourraient être portées ultérieurement devant les tribunaux, et se rattachant au différend sur lequel ils sont appelés à se prononcer.

IX. — Grève

Dans le seul cas de grève, porte l'article 10, les magistrats cantonaux ont mission et pouvoir de substituer leur initiative à celle des intéressés, si celle-ci ne s'exerce pas spontanément.

Maintenant, doivent-ils user immédiatement de leur droit de provoquer la conciliation ? Peuvent-ils, au contraire, attendre pour le faire ? Ont-ils la faculté de s'abstenir ?

Certes, s'il fallait s'en tenir au texte presque impératif de la loi, l'attribution donnée au Juge de paix par l'article 10 ferait partie obligatoire de ses fonctions, et il devrait l'exercer d'office chaque fois et aussitôt qu'il y aurait grève. Cependant, nous pensons que le Juge de paix a la faculté et même le devoir de choisir le moment propice pour son intervention, et même qu'il lui est loisible de ne pas intervenir.

C'est, du reste, l'opinion de M. le Garde des Sceaux, dont nous nous permettons de reproduire les conseils à ce sujet, car ils rendent parfaitement notre pensée.

« Je ne saurais d'avance, dit M. le Ministre de la Justice, définir les cas dans lesquels les juges de paix devront user de leur droit d'initiative, et ceux dans lesquels la prudence leur conseillera de s'abstenir. Je ne puis que m'en remettre, sur ce point délicat, à leur tact et à leur expérience. S'ils doivent éviter de compromettre leur autorité, et parfois de rendre l'arbitrage suspect par une intervention intempestive, ils ne doivent jamais hésiter à faire appel à la conciliation toutes les fois que cet appel aura la moindre chance d'être écouté. Leur pouvoir n'a d'autres limites que les termes de la loi, qui ont été choisis à dessein très vagues et très généraux. Le différend sera toujours d'ordre collectif lorsque la grève aura éclaté, alors même qu'il aurait été au début d'ordre individuel seulement ; quant aux conditions du travail, elles sont si nombreuses et si complexes que, presque toujours, l'une d'entre elles se trouvera engagée dans le conflit. Je ne crois pas davantage pouvoir fixer le moment précis que le juge devra choisir pour intervenir : il prendra conseil des circonstances. Il peut arriver que l'initiative s'impose dès la première heure de la grève. Dans d'autres cas, il sera préférable d'attendre quelques jours pour se rendre un compte plus exact des dispositions des parties. Parfois encore, une première tentative échouera, et, renouvelée quelques jours plus tard, sera mieux accueillie. J'estime cependant, d'une manière générale, que l'intervention du magistrat ne devra pas être trop tardive : il conviendra de ne point attendre que la prolongation de la grève ait envenimé le débat, et que les passions étrangères aux intérêts en jeu aient apporté de plus violents ferments de discorde. Si la grève s'étendait sur le territoire de plusieurs cantons, les juges de paix devraient se concerter entre eux et déterminer, d'un commun accord, celui qui aurait à prendre l'initiative prévue par la loi. »

« J'ajoute, en terminant, dit encore M. le Ministre de la Justice, que cette initiative du magistrat n'est pas la conséquence immédiate et nécessaire du conflit ; elle ne fait point obstacle à l'entente directe entre les patrons et les ouvriers, même après la déclaration de grève, soit pour une transaction immédiate, soit pour un arbitrage. »

En résumé, l'article 10 contient qu'en cas de grève et à défaut d'initiative de la part des intéressés, le Juge de paix invite d'office, par les moyens indiqués à l'article 3, les patrons, ouvriers ou employés ou leurs représentants, à lui faire connaître dans les trois jours :

1° L'objet du différend avec l'exposé succinct des motifs allégués ;

2° Leur acceptation ou refus de recourir à la conciliation et l'arbitrage ;

3° Les noms, qualités et domiciles des délégués

choisis, le cas échéant, par les parties, sans que le nombre des personnes désignées de chaque côté puisse être supérieur à cinq.

Les moyens de notification indiqués à l'article 3 ayant été examinés plus haut, nous n'avons pas à y revenir, et il est également inutile de rappeler les formalités qui suivent l'intervention du magistrat cantonal dans le différend qui a produit la grève, ces formalités étant absolument les mêmes que celles que nous avons énoncées pour le cas d'initiative de l'une ou l'autre des parties intéressées. (*Voir form.* 19, *p.* 93.)

Le délai de trois jours accordé pour répondre à la proposition de conciliation pourra être augmenté pour les causes et dans les conditions indiquées à l'article 4.

Enfin, si la proposition est acceptée, il sera procédé conformément aux articles 5 et suivants.

Ces deux derniers paragraphes de l'article 10 ne nécessitent aucune explication. (*Voir form.* 20, 21 *et* 22, *p.* 95, 96 *et* 97.)

Rien n'oblige le Juge de paix, en cas de grève, à se transporter sur les lieux; mais, si sa présence paraît utile, il ne devra pas hésiter à le faire, et nous pensons qu'elle sera presque toujours utile, car elle peut suffire à calmer les esprits et empêcher les violences. Si, alors, sa parole est écoutée, il devra combattre l'obstination, saisir et encourager les bonnes dispositions, déterminer les revendications, pousser les parties aux concessions, les conseiller sur les moyens capables de produire l'entente comme sur la mise en pratique de la loi qui nous occupe, les préparer à recourir à cette loi, au besoin organiser le comité de conciliation, etc., etc... La tâche, on le voit, sera grande et digne de lui.

Que, par l'estime dont il jouit, par le respect ou la confiance qu'imposent son autorité et son caractère, il arrive à terminer paisiblement un conflit qui laissait craindre, s'il s'était prolongé, des débordements graves et des désordres violents, peut-être sanglants, aura-t il lieu de regretter ses démarches ? N'en sera-t-il pas amplement récompensé par la satisfaction du devoir accompli ?....

Disons en passant que la grève est licite, s'il ne s'y mêle aucun acte de violence, mais que, si elle est déclarée sans avertissement préalable ou sans avoir laissé écouler les délais de congé fixés par le contrat de louage ou par les usages, elle peut donner lieu à l'action en dommages-intérêts de la part du patron, comme aussi cette action peut avoir lieu par les ouvriers ou employés renvoyés également sans avertissement ou hors les délais stipulés ou ceux d'usage.

Et, si des violences ont été exercées, la transaction qui peut en résulter n'entrave nullement l'action du Ministère public.

X. — Sanction des décisions et sentences

L'article 11, évidemment pour assurer l'authenticité et la conservation des résolutions prises par les comités de conciliation et des sentences arbitrales, dispose que les procès-verbaux qu'entraîne l'exécution de la loi du 27 décembre 1892, seront conservés en minute au greffe de la justice de paix, qui en délivre gratuitement une expédition à chacune des parties, et en adresse une autre au Ministre du Commerce et de l'Industrie par l'entremise du préfet.

Toutefois la loi — est ce erreur, oubli ou volontairement ? — ne comprend pas dans cette disposition les procès-verbaux dressés en vertu de l'article 7. Nous avons déjà dit ce que nous pensons à ce sujet, pages 41 et 44.

Pour la première fois, le greffier apparaît ; car la loi ne parle pas qu'il assistera le Juge de paix au comité de conciliation, et encore moins qu'il dressera les procès-verbaux. Elle l'oblige seulement à conserver en minute les décisions et procès-verbaux, et d'en délivrer des expéditions, le tout gratuitement : une expédition à chacune des parties, c'est à dire une pour le patron, et une autre pour la collectivité des ouvriers ou employés, sans compter une troisième qui est adressée au préfet, lequel la transmet au Ministre du Commerce et de l'Industrie, Direction de l'office du travail.

Il n'y aurait rien à objecter à cette gratuité, si nos malheureux greffiers avaient un traitement qui leur permit un tel surcroît de besogne improductive pour eux.

Il va sans dire que les intéressés ont le droit de se faire remettre d'autres expéditions que celles ci-dessus indiquées ; mais alors il est certain que le greffier n'est pas astreint à délivrer gratuitement ces expéditions supplémentaires et qu'elles lui seront payées comme en matière ordinaire.

Toutes les expéditions seront faites sur papier libre, autant que possible du format du timbre à 1 fr. 80 c., et qui n'a pas à être visé pour timbre. Elles seront certifiées conformes et signées par le greffier et revêtues du sceau de la justice de paix.

Précédemment, nous avons vu que le greffier avait à dresser un acte pour le dépôt du procès-verbal d'arbitrage, tandis qu'il n'avait pas à le faire pour le procès-verbal de conciliation.

Dans le but d'augmenter le respect dû aux décisions du comité de conciliation et aux sentences arbitrales, l'article 12 en ordonne l'affichage, ainsi du reste que des autres pièces de la procédure. Cet article est ainsi libellé :

« La demande de conciliation et d'arbitrage, le refus ou l'absence de réponse de la partie adverse, la décision du comité de conciliation ou celle des arbitres, notifiés par le Juge de paix au maire de chacune des communes où s'étendait le différend, sont, par chacun de ces maires, rendus publics par affichage à la place réservée aux publications officielles. L'affichage de ces décisions pourra en outre se faire par les parties intéressées. Les affiches seront dispensées du timbre. »

Par suite, toutes les phases de la procédure seront rendues publiques par affichage et, ainsi que nous l'avons constaté plus haut, page 30, la déclaration pour recourir à la conciliation et l'arbitrage, sera pareillement soumise à cette règle uniforme, lors même que la notification, par lettre recommandée en aurait été faite aux parties en conformité de l'article 3.

La manière de procéder à la publicité des diverses pièces est fort simple. D'abord notification en est faite par le Juge de paix au maire de chacune des communes, sur le territoire de laquelle existe ou existait le différend. (*Voir form.* 4, *p.* 69.)

Ensuite des placards en sont apposés par les soins de chacun de ces maires à l'endroit réservé aux publications officielles.

La rédaction de ces placards incombe nécessairement au Juge de paix. Par lui, elle sera faite sans passion avec impartialité, en évitant de froisser les susceptibilités, de façon à ne pas aggraver la situation et conserver l'espoir d'un rapprochement.

En ce qui concerne les déclarations et procès-verbaux, elle sera simplement la copie de ces pièces (*Voir form.* 5, n° 2. *p.* 72.)

S'il s'agit de l'absence de réponse à la déclaration préliminaire, elle se fera sous forme de certificat. (*Voir form.* 9. *p.* 75.)

Et relativement au refus d'accepter le recours à la conciliation, selon les termes dans lesquels sera conçu ce refus, le Juge de paix appréciera s'il doit le reproduire textuellement et en entier ou s'il est préférable de donner soit un extrait seulement, soit un libellé différent. (*Voir form.* 10. *p.* 76.)

Signalons ici que, dans la mesure du possible, il a été pourvu à ce que les intéressés soient renseignés personnellement sur tout ce qui aura lieu se rapportant au conflit qui les divise: par la lettre recommandée émanant du Juge de paix pour les déclarations que prescrit l'article 2; par la transmission de la demande de prolongation du délai de réponse, quand il s'agit de cette prolongation, et par l'expédition du procès-verbal de conciliation ou de celui des arbitres, en ce qui concerne les décisions qui y figurent. Or, le refus ou l'absence de réponse de la partie adverse à la demande de conciliation et d'arbitrage sera, comme le reste, notifié aux maires des communes où s'étend le différend, et rendu public par affichage ; mais, contrairement aux autres pièces, la loi ne dit pas qu'il sera porté directement à la connaissance de la partie qui a pris l'initiative de la demande de conciliation et d'arbitrage. En présence de l'intérêt que cette partie peut avoir à être promptement fixée sur le résultat de sa proposition, ne serait-il pas au moins convenable de lui en donner avis de la manière stipulée en l'article 4, relativement à la prolongation du délai de réponse ?

L'affichage aura lieu dans toutes les communes sur le territoire desquelles s'étend ou étendait le différend.

Pour les décisions du comité de conciliation et pour les sentences arbitrales seulement, il est donné aux parties intéressées le droit de les faire afficher elles-mêmes, si elles le jugent à propos, et, bien entendu, sans atténuation ni modification du texte, sous peine d'encourir la responsabilité de ces changements, et non ailleurs que dans les communes du différend (1).

(1) M. Lelong pense que le droit accordé aux parties de faire afficher elles-mêmes, s'étend à toutes les pièces de la procédure.

Toutes ces affiches sont dispensées du timbre, et il semble qu'elles peuvent être sur papier blanc.

C'est par elles que le litige se trouvera soumis au jugement de l'opinion publique, dont la seule puissance formera la véritable sanction qui résultera de l'application de la loi. Nous avons examiné plus haut la valeur de cette sanction; nous n'y reviendrons pas. (*Voir p.* 22.)

Disons seulement qu'en principe les parties sont toujours libres d'accepter ou de repousser les décisions du comité de conciliation ou les sentences arbitrales sans aucun inconvénient, lorsqu'il n'existe aucun commencement d'exécution ; mais, si une reprise de travail avait eu lieu sous la foi de ces décisions ou sentences, un engagement se serait opéré, et il en serait résulté un contrat avec toutes les garanties et obligations qu'il comporte, en sorte que, si l'une des parties venait à rompre dans de pareilles circonstances, l'autre partie serait recevable à former une action en dommages-intérêts (1).

A l'appui de cet argument, nous citerons un jugement du Tribunal de commerce de la Seine du 4 février 1892, intervenu entre le syndicat des employés et la compagnie générale des Omnibus et rendu sur l'interprétation des conditions, temporairement exécutées, d'un arbitrage fait par le bureau du conseil municipal de Paris. (*Voir page* 16.) Ce jugement est typique : il démontre que la loi peut accorder plus qu'une sanction morale aux conventions collectives et aux sentences arbitrales.

____

(1) Ces considérations sont tirées de l'ouvrage de M. Lelong.

XI. — Frais

La loi du 27 décembre 1892 a un caractère essentiellement gratuit, qui ressort des articles examinés ci-dessus et que rendent plus sensible encore les articles 13 et 14 ci-après reproduits:

« Article 13. — Les locaux nécessaires à la tenue des comités de conciliation et aux réunions des arbitres sont fournis, chauffés et éclairés par les communes où ils siégent. Les frais qui en résultent sont compris dans les dépenses obligatoires des communes. Les dépenses des comités de conciliation et d'arbitrage seront fixées par arrêté du préfet du département et portées au budget départemental comme dépenses obligatoires. »

« Article 14. — Tous actes faits en exécution de la présente loi seront dispensés du timbre et enregistrés gratis. »

Ainsi, en vertu de l'article 13, si le Juge de paix ne jouissait pas de la franchise pour la transmission des pièces qu'il a à faire aux parties, les frais qui seraient ainsi faits auraient à figurer au budget départemental comme dépenses obligatoires.

Les réunions du comité de conciliation et du conseil d'arbitrage ne se tiendront pas forcément au chef-lieu de canton; elles se feront dans la commune la plus à proximité du litige ou dans celle qui y sera la plus intéressée. Le Juge de paix devra donc inviter le maire de cette commune à fournir un local pour ces réunions, et, si elles tiennent au chef-lieu de canton, rien ne s'oppose à ce que le prétoire de la justice de paix y soit employé (1).

Outre la fourniture du local nécessaire auxdites réunions, la commune où elles auront lieu devra encore éclairer et chauffer le local à ses frais.

Quant aux autres dépenses des comités de conciliation et d'arbitrage, qui, selon nous, comprendraient les fournitures et frais de bureau, ainsi que les frais de déplacements du Juge de paix et du greffier et les avances d'affranchissements que le premier aurait pu avoir à faire, il semble qu'elles devraient être à la charge du département.

Il est certain que la loi n'a pas entendu faire supporter au Juge de paix le moindre débours et que ce magistrat, ainsi que son greffier, en cas de déplacement, ont droit à l'indemnité fixée par les articles 88 et 89 du tarif criminel du 18 juin 1811. A cet effet, il sera dressé un état du transport qui sera joint au mémoire à fournir pour le paiement des dépenses incombant au département.

De l'article 14 il résulte que l'enregistrement des actes faits en exécution de la loi dont s'agit est obligatoire et qu'il aura lieu gratis; en outre, ces actes sont dispensés du timbre.

(1) M. Lelong émet l'opinion qu'au cas où les réunions des comités de conciliation et d'arbitrage se tiendraient ailleurs que dans la commune où siège le différend, par exemple dans la commune chef-lieu de canton, qui aurait alors à fournir le local pour ces réunions, cette dernière commune pourrait se faire rembourser les

XII. — Colonies

L'article 16 et dernier de ladite loi la rend applicable aux colonies de la Guadeloupe, de la Martinique et de la Réunion.

Et, par décret du 9 septembre 1893, elle a été également rendue exécutoire en Algérie.

XIII. — Rapport à faire en cas d'application de la loi

Pour satisfaire au désir manifesté par M. le Garde des Sceaux, en fin de sa circulaire du 18 février 1893, d'avoir un rapport détaillé chaque fois que les magistrats cantonaux auront été invités à intervenir ou seront intervenus d'office par application de la loi du 27 dé-

frais ou charges qu'elle aurait ainsi supportés, par l'autre commune à qui ils incomberaient toujours.

Malgré l'équité évidente d'une semblable manière de procéder, nous estimons que la loi s'exprime nettement en disant que les frais ou charges dont s'agit reviennent au contraire, exclusivement et sans recours, à la commune où siègent les comités de conciliation et réunions arbitrales et qu'il faut s'y conformer ; mais il paraîtrait mal à propos de faire ces réunions dans une commune désintéressée au conflit.

cembre 1892, afin de pouvoir apprécier les circonstances et les résultats de leur entremise, il est convenable que ces magistrats rendent compte au Procureur de la République de tout ce qui aura été fait en exécution de cette loi, et la transmission au Ministre s'en fera hiérarchiquement. (*Voir form.* 23, *p.* 98.)

FORMULES

Pour l'application de la loi du 27 décembre 1892

SUR LA

CONCILIATION et L'ARBITRAGE

En matière de différends collectifs

ENTRE PATRONS & OUVRIERS OU EMPLOYÉS

1. — Pouvoir

Je, soussigné.....

Donne par le présent pouvoir à

M.

De, pour moi et en mon nom :

Provoquer et obtenir, d'après les formes établies par la loi du 27 décembre 1892, la solution du différend qui s'est élevé entre M. E..... B....., marchand de bois, demeurant à......, et les ouvriers bûcherons de sa coupe des Grands Bois, commune de....., dont je fais partie, relativement aux conditions de l'écorçage dans cette coupe ;

(Ou :)

« Provoquer et obtenir, d'après les formes établies par la loi du 27 décembre 1892, la solution du différend qui s'est élevé entre moi et les ouvriers bûcherons de ma coupe des Grands Bois, commune de....., relativement aux conditions de l'écorçage dans cette coupe; »

En conséquence, faire ou accepter toutes propositions de recourir à la conciliation et à l'arbitrage, donner réponse aux demandes faites dans ce but, accepter toutes délégations auxquelles je serais nommé, choisir, s'il y a lieu, tous délégués ou représentants, leur donner les pouvoirs nécessaires, assister à toutes réunions de comités de conciliation, prendre tous arrangements, faire et accepter toutes conditions, signer tous procès-verbaux, nommer tous arbitres, et généralement faire tout ce qui sera nécessaire.

A............. le............

Bon pour pouvoir :

(Signature.)

2. — Déclarations pour demander conciliation et au besoin arbitrage

1° DÉCLARATION PAR LE PATRON

A Monsieur le Juge de paix du canton de Prémery (Nièvre).

MONSIEUR LE JUGE DE PAIX,

Le soussigné E..... B....., marchand de bois, demeurant à............., a l'honneur de vous exposer ce qui suit :

Acquéreur d'une coupe de bois sise au lieu dit les Grands Bois, commune de Prémery, appartenant à ladite commune et actuellement en exploitation, il s'est entendu, le 20 avril dernier, avec les membres du syndicat des bûcherons de la Grange-Mouton, commune de Dompierre-sur-Nièvre, pour la façon de l'écorce à retirer de ladite coupe, moyennant un salaire de 65 francs pour cent bottes d'écorce façonnée, d'une longueur de 1 mètre 17 centimètres sur 1 mètre 17 centimètres de circonférence.

Plusieurs bûcherons se sont depuis mis au travail; mais aujourd'hui ils refusent de continuer, s'il ne les paie à raison de 70 francs les cent bottes d'écorce, ce qui lui est impossible.

En conséquence, il vous prie, Monsieur le Juge de paix, de vouloir bien faire le nécessaire pour soumettre le différend à un comité de conciliation, et, à défaut d'entente dans ce comité, à un conseil d'arbitrage, le tout en conformité de la loi du 27 décembre 1892

La notification de la présente proposition devra être faite aux membres du syndicat des bûcherons de la Grange-Mouton, en la personne du président M. C..... M......, qui la portera à la connaissance des intéressés comme il le jugera à propos.

(*Ou, s'il s'agissait d'ouvriers nombreux non syndiqués :*)

« Les ouvriers de son établissement étant trop nombreux, il lui est impossible de les désigner individuellement pour faire notifier à chacun la présente proposition. »

Et le soussigné déclare prendre lui-même pour l'assister au comité de conciliation M. L...... B....., son frère et son associé.

(*Ou bien :*)

« Et le soussigné entend se présenter seul au comité de conciliation. »

Fait à..........., le 30 avril 1893, à 2 heures du soir.

(Signature.)

2° DÉCLARATION PAR LES OUVRIERS

A Monsieur le Juge de paix du canton de..... (Nièvre).

MONSIEUR LE JUGE DE PAIX,

Les soussignés P..... E..... et C..... J....., tous deux ouvriers à l'usine de produits chimiques de....., demeurant à....., agissant tant en leur nom personnel qu'au nom des autres ouvriers de ladite usine, ont l'honneur de vous exposer qu'ils travaillent depuis plus ou moins longtemps à raison de 4 fr. par jour à cette usine, appartenant à la Société....., dont le siège est à....., et dirigée par M. G..... L....., industriel, demeurant à..... ; qu'aujourd'hui M. G..... L....., susnommé, vient de les aviser qu'il ne les paiera plus que 3 fr. 75 centimes par jour, et qu'il leur est impossible d'accepter une semblable réduction.

En conséquence, ils vous prient, Monsieur le Juge de paix, de bien vouloir faire le nécessaire pour soumettre le différend à un comité de conciliation et, à défaut d'entente dans ce comité, à un conseil d'arbitrage, le tout en conformité de la loi du 27 décembre 1892.

La notification de la présente proposition devra être faite à la Société..... en la personne de M. G..... L....., directeur de l'usine de.....

Et les soussignés, toujours auxdits noms, désignent pour les assister, parmi les ouvriers de ladite usine intéressés à l'arrangement, MM. L. B....., C. L.... et A. P....., demeurant tous trois à.....

Fait à....., le 4 mai 1893, à 3 heures du soir.

(Signatures.)

3. — Récépissé de déclaration

JUSTICE DE PAIX DU CANTON DE PRÉMERY (Nièvre)

Récépissé de la déclaration qui nous a été faite le 4 mai 1893, à 3 heures du soir, par les sieurs P. E .... et C. J....., tous deux ouvriers à l'usine de produits chimiques de....., demeurant à....., tendant à soumettre à un comité de conciliation et, à défaut d'entente dans ce comité, à un conseil d'arbitrage, en conformité de la loi du 27 décembre 1892, le différend qui s'est élevé entre M. G. L......, industriel, demeurant à....., directeur de l'usine de produits chimiques de....., et ses ouvriers.

Prémery, le 4 mai 1893, à 3 heures du soir.

Le Juge de paix,

(Signature.)

4. — Notifications diverses au Maire

JUSTICE DE PAIX DU CANTON DE PRÉMERY (Nièvre)

Prémery, le.....

A Monsieur le Maire de Prémery

MONSIEUR LE MAIRE,

J'ai l'honneur de vous notifier la demande de recourir à la conciliation et à l'arbitrage — (*ou le refus de conciliation*) —

3

(*ou la déclaration d'absence de réponse*) — (*ou la décision du comité de conciliation*) — (*ou la décision du conseil d'arbitrage*), dont vous trouverez incluse une copie que vous voudrez bien porter immédiatement à la connaissance du public, par affichage à la place réservée aux publications officielles, en conformité de l'article 12 de la loi du 27 décembre 1892.

Veuillez agréer, Monsieur le Maire, l'assurance de mes sentiments les plus distingués.

Le Juge de paix,

(Signature).

N.-B. — Joindre à cette lettre, selon le cas, l'une des affiches, formule 5, n° 2° ou formules 9, 10, 13 ou 15.

---

5. — Notifications de déclaration

1° NOTIFICATION PAR LETTRE

Justice de paix du canton de Prémery (Nièvre)

A *Monsieur L. B....., bûcheron, demeurant à la Grange-Mouton, commune de Dompierre-sur-Nièvre, président du syndicat des bûcherons de la Grange-Mouton.*

MONSIEUR LE PRÉSIDENT,

J'ai l'honneur de porter à votre connaissance la déclaration, dont copie est ci-dessous, qui m'a été déposée le 30 avril dernier, à 2 heures du soir, et je vous invite à en aviser tous les bûcherons intéressés, afin d'arriver à un arrangement, s'il est possible.

Vous avez trois jours pour me faire parvenir votre acceptation écrite à la tentative de conciliation proposée, qui, le cas échéant, aura lieu en ma présence sur un terrain neutre. Cette acceptation écrite devra contenir les noms, qualités et domiciles des délégués choisis par les ouvriers pour les assister ou les représenter, sans que le nombre des personnes désignées puisse être supérieur à cinq. (Loi du 27 décembre 1892, art. 4.)

Les délégués doivent, en outre, être pris parmi les intéressés, être majeurs, citoyens français et jouir de leurs droits civils, civiques et politiques. (Articles 2 et 15 de la même loi.)

(Ou, s'il s'agissait de femmes :)

« Les déléguées doivent, en outre, être prises parmi les intéressées, être majeures, appartenir à la nationalité française et n'avoir été privées de leurs droits par aucune condamnation. »

Passé le délai de trois jours, votre silence sera tenu pour un refus.

Mais, si l'éloignement des syndiqués et la nécessité de les consulter ou toute autre cause que vous m'indiquerez, ne vous permettait pas de me donner une réponse dans les trois jours, vous auriez à m'en aviser avant l'expiration de ce délai et à me dire quel serait le temps nécessaire à la réponse.

Agréez, Monsieur le Président, l'assurance de ma considération très distinguée,

Le Juge de paix,
(Signature.)

(Copie de la déclaration formule 2, n° 1°.)

Pour notification :

Prémery, le 1er mai 1893.

Le Juge de paix,
(Signature.)

2° NOTIFICATION PAR AFFICHE

Justice de paix du canton de Prémery (Nièvre)

Loi du 27 décembre 1892

Le Juge de paix du canton de Prémery a reçu, le 30 avril 1893, à 2 heures du soir, la déclaration dont copie est ci-dessous, qu'il porte à la connaissance des intéressés et du public.

Il invite les ouvriers intéressés à se présenter devant lui sur un terrain neutre, dans la forme indiquée par la loi, pour tenter un rapprochement avec leur patron.

A cet effet, ils ont trois jours pour lui faire parvenir leur acceptation écrite à la tentative de conciliation proposée ; et cette acceptation écrite devra contenir les noms, qualités et domiciles des délégués choisis par eux pour les assister ou les représenter, sans que le nombre des personnes ainsi désignées puisse dépasser cinq. (Article 4.).

Les délégués doivent, en outre, être pris parmi les intéressés (article 2), être majeurs, citoyens français et jouir de leurs droits civils, civiques et politiques. (Article 13.)

Passé le délai de trois jours, le silence des ouvriers intéressés sera tenu pour un refus.

Toutefois, si leur éloignement et la nécessité de se consulter ou toute autre cause qu'ils indiqueraient, ne leur permettait pas de donner une réponse dans les trois jours, ils auraient à en aviser le Juge de paix avant l'expiration de ce délai, et à lui dire quel serait le temps nécessaire à la réponse.

(Copie de la déclaration, formule 2 n° 1°.)

Pour notification :

Prémery, le 1er mai 1893.

Le Juge de paix,

(Signature.)

6. — Avis pour prolonger le délai de réponse

La Grange-Mouton, le 3 mai 1893.

A Monsieur le Juge de paix du canton de Prémery (Nièvre).

MONSIEUR LE JUGE DE PAIX,

Le soussigné L. B....., bûcheron, demeurant à la Grange-Mouton, commune de Dompierre-sur-Nièvre, agissant au nom et comme président du syndicat des bûcherons de la Grange-Mouton, a l'honneur de vous accuser réception de la copie que vous lui avez adressée le 1er mai courant, d'une déclaration qui vous a été faite par M. E. B. ..., marchand de bois, demeurant à....., à l'effet d'arriver, par la conciliation ou l'arbitrage, au règlement de la difficulté qui s'est élevée entre lui et ses ouvriers.

Et il vous avise qu'ayant à consulter les bûcherons faisant partie du syndicat, il demande que le délai de trois jours qu'accorde la loi du 27 décembre 1892 pour accepter la tentative de conciliation proposée, soit porté à six jours.

Veuillez agréer, Monsieur le Juge de paix, ses civilités très empressées.

(Signature.)

7. — Transmission de l'avis de prolongation du délai de réponse

JUSTICE DE PAIX DU CANTON DE PRÉMERY (Nièvre)

Prémery, le 4 mai 1893.

A Monsieur E. B....., marchand de bois à..... (Nièvre).

MONSIEUR,

M. le Président du Syndicat des bûcherons de la Grange-Mouton m'adresse la lettre dont suit copie :
(Copie de l'avis, formule 6.)
Agréez, Monsieur, l'assurance de ma parfaite considération,

Le Juge de paix,

(Signature.)

8. — Refus d'accepter le recours à la conciliation

La Grange-Mouton, le 6 mai 1803.

A Monsieur le Juge de paix du canton de Prémery (Nièvre).

MONSIEUR LE JUGE DE PAIX,

Les ouvriers composant le syndicat des bûcherons de la Grange-Mouton ont l'honneur de vous aviser qu'ils ne peuvent accepter de recourir à la conciliation, comme l'a proposé M. E. B....., marchand de bois, demeurant à....., aux termes de sa déclaration du 30 avril dernier, pour le règlement du différend qui s'est élevé entre eux et lui, relativement au prix de la façon d'écorce dans sa coupe des Grands Bois, commune de Prémery.

Pour les ouvriers composant le Syndicat des
bûcherons de la Grange-Mouton,

Les Délégués,

(Signatures.)

---

9. — Affiche constatant l'absence de réponse

(Copie de la déclaration, formule 2, n° 1° ou n° 2°.)

Le Juge de paix du canton de Prémery (Nièvre), soussigné, certifie que la demande de recourir à la conciliation et à l'arbitrage dont copie précède, a été régulièrement notifiée aux intéressés le....., sans que, dans les trois jours qui ont suivi, ils y aient répondu; en sorte que leur silence est tenu pour un refus, en conformité de l'article 4 de la loi du 27 décembre 1892.

Prémery, le.....

Le Juge de paix,

(Signature.)

(Ou bien, si copie de la déclaration n'est pas faite :)

Le Juge de paix du canton de....., soussigné, certifie que la proposition de recourir à la conciliation et à l'arbitrage faite par M....., marchand de bois, demeurant à....., suivant déclaration du....., à l'effet de régler le différend qui s'est élevé entre lui et ses ouvriers bûcherons de la coupe de....., en exécution de la loi du 27 décembre 1892, a été notifiée à ces derniers le....., sans que, dans les trois jours qui ont suivi, ils y aient répondu; en sorte que leur silence est tenu pour un refus en conformité de ladite loi.

A.........., le........

Le Juge de paix,

(Signature.)

10. — Affiche constatant le refus de recourir à la conciliation

Justice de paix du canton de.........

Le Juge de paix du canton de..........., soussigné, certifie que la proposition de recourir à la conciliation et à l'arbitrage, faite par M. G. L........., industriel, demeurant à........, suivant déclaration du........, à l'effet de régler le différend qui s'est élevé entre lui et les ouvriers de son usine de produits chimiques de..........., en conformité de la loi du 27 décembre 1892, a été notifiée à ces derniers, le........, et qu'il y a été répondu par un refus.

A..........., l'..........

Le Juge de paix,

(Signature.)

11.— Acceptation de former un comité de conciliation

La Grange-Mouton, le 6 mai 1893.

A Monsieur le Juge de paix du canton de Prémery (Nièvre).

MONSIEUR LE JUGE DE PAIX,

Les ouvriers composant le syndicat des bûcherons de la Grange-Mouton ont l'honneur de vous aviser qu'ils acceptent la proposition que M. E..... B....., marchand de bois à....., vous a déposée le 30 avril dernier, de recourir à la conciliation pour le règlement du différend qui s'est élevé entre eux et lui, relativement au prix de la façon d'écorce dans sa coupe des Grands Bois, commune de Prémery.

Et ils ont désigné, pour les représenter au comité de conciliation qui sera constitué, les délégués ci-après, à qui ils ont donné tout mandat nécessaire, aussi bien pour tenter ce règlement que pour nommer des arbitres s'il y a lieu, savoir :

1° L. B........., président du syndicat,
2° D. A........., secrétaire,
3° G. E........., trésorier,
4° P. M........., membre,
5° Et C. R......, membre,

Tous bûcherons, demeurant à la Grange-Mouton, commune de Dompierre-sur-Nièvre, majeurs, citoyens français, jouissant de leurs droits civils, civiques et politiques, et intéressés à la solution du différend.

Pour les ouvriers formant le syndicat des bûcherons de la Grange-Mouton,

Les Délégués,
(Signatures.)

3*

12. — Convocation du comité de conciliation

1° CONVOCATION DU PROPOSANT

Justice de paix du canton de Prémery (Nièvre).

Prémery, le 7 mai 1893.

A M. E. B....., marchand de bois, demeurant à.....

MONSIEUR,

Le Juge de paix du canton de Prémery, ayant reçu l'avis d'acceptation par les ouvriers intéressés de la proposition que vous leur avez faite par son entremise, a l'honneur de vous convoquer d'urgence ou vos représentants, ainsi que les délégués que vous avez désignés, pour vous réunir, en sa présence, en comité de conciliation, aux délégués qui ont été nommés par les ouvriers, mardi prochain, 9 mai 1893, à 2 heures du soir, à Prémery, en son cabinet de la Justice de paix, sis à l'hôtel de ville, à l'effet de tenter l'arrangement du différend que vous avez avec eux.

Le Juge de paix,

(Signature.)

2° Convocation des acceptants

Justice de paix du canton de Prémery (Nièvre).

Prémery, le 7 mai 1893.

A Monsieur P. M....,, bûcheron, demeurant à la Grange-Mouton, commune de Dompierre-sur-Nièvre, membre du syndicat des bûcherons de la Grange-Mouton, délégué des ouvriers faisant partie de ce syndicat.

Monsieur,

Le Juge de paix du canton de Prémery, ayant reçu l'avis d'acceptation par les ouvriers intéressés de la proposition que leur a faite, par son entremise, M. E. B....., marchand de bois à....., a l'honneur de vous convoquer d'urgence, ainsi que les autres délégués vos collègues, pour vous réunir en sa présence, en comité de conciliation, à M. E. B..... et à ses délégués, le mardi 9 mai 1893, à 2 heures du soir, à Prémery, en la Justice de paix, salle de l'hôtel de ville, à l'effet d'aboutir, s'il est possible, à l'arrangement auquel il vous convie.

Le Juge de paix,
(Signature.)

13. — Procès-verbaux des comités de conciliation

1° PROCÈS-VERBAL CONTENANT CONCILIATION

Justice de paix du canton de Prémery (Nièvre)

L'an 1893, le mardi 9 mai, à 2 heures de l'après-midi,

A Prémery, en notre cabinet de la Justice de paix,

Nous, A. B....., Juge de paix du canton de Prémery, arrondissement de Cosne-sur-Loire (Nièvre), assisté de P. L....., notre greffier,

Agissant en vertu de la loi du 27 décembre 1892, et conformément aux articles 5, 6 et 12 de ladite loi,

Sur la proposition faite le 30 avril dernier par M. E. B....., ci-après nommé et acceptée par ses ouvriers le 6 mai courant, de recourir à cette loi pour tenter l'arrangement du différend qui s'est élevé entre eux,

(Ou :)

« Sur l'initiative prise par l'une et l'autre des parties de proposer le recours à cette loi, aux termes de leurs déclarations faites, celle de M. E. B...., ci après nommé, le 30 avril dernier et celle de ses ouvriers le 1er mai courant, »

Avons invité les parties ou leurs délégués ou représentants, à se réunir en comité de conciliation, en notre présence, à ces lieu, jour et heure;

Et, notre invitation ayant été acceptée,

Ont comparu :

D'une part,

1° M. E. B....., marchand de bois, demeurant à....;

2° M. L. B....., aussi marchand de bois, demeurant à....., son frère et son associé, que M. E. B..... a désigné pour l'assister ;

Et, d'autre part,

1° M. L. B....., président du syndicat des bûcherons de la Grange-Mouton ;

2° M. D. A....., secrétaire,

3° M. G. E....., trésorier,

4° M. P. M....., membre,

5° Et M. C. R.., membre,

Tous bûcherons, demeurant à la Grange-Mouton, commune de Dompierre-sur-Nièvre, délégués choisis parmi les intéressés, par les ouvriers bûcherons de la coupe des Grands Bois, commune de Prémery, pour les représenter et résoudre, s'il est possible, le différend qui a surgi entre M. E. B..... et lesdits ouvriers, relativement à une demande d'augmentation de salaires formulée par ceux-ci, et sur laquelle les parties n'étaient pas tombées d'accord.

Les comparants ont alors, sous notre direction, énoncé et discuté leurs prétentions respectives, et des débats il est résulté l'accord suivant :

Toutes les écorces faites antérieurement à ce jour, dans la coupe des Grands Bois, commune de Prémery, seront payées à raison de 65 francs les cent bottes de 1 mètre 17 centimètres de longueur sur 1 mètre 17 centimètres de circonférence. A cet effet, ces écorces seront tassées à part, afin d'éviter toutes difficultés lors de la mise en bottes.

Et dorénavant, c'est-à-dire à partir d'aujourd'hui, toutes les écorces façonnées par les bûcherons seront également mises en bottes de 1 mètre 17 centimètres de long sur 1 mètre 17 centimètres de tour, et elles seront payées à raison de 70 francs les cent bottes. Ces dernières écorces seront placées en piles distinctes de celles façonnées antérieurement, pour éviter la confusion.

L'acceptation réciproque des conditions qui précèdent, éteignant tout différend entre les parties, les débats ont été clos.

Et, après lecture faite, la présente décision a été signée par tous les membres du comité de conciliation, par notre greffier et par nous.

(Signatures.)

2° Procès-verbal de non-conciliation avec nomination d'arbitres

(Le commencement comme au procès-verbal précédent.)

Les comparants ont alors, sous notre direction, énoncé et discuté leurs prétentions respectives; mais l'accord n'a pu être établi.

En effet, les ouvriers délégués ont réclamé 70 francs par cent bottes d'écorce de 1 mètre 17 centimètres de long sur 1 mètre 17 centimètres de tour, et aussi bien pour celles déjà faites que pour celles restant à faire, tandis que M. E. B.... et son délégué, acceptent seulement, à titre de transaction, de payer 70 francs celles restant à faire, mais tiennent au chiffre de 65 francs pour celles déjà faites, ou alors ils paieront, sans distinction, les unes et les autres 68 francs.

En présence de ce dissentiment qu'il a été impossible d'arranger, nous avons invité les parties à désigner, soit chacune un ou plusieurs arbitres qui seront chargés d'un tel soin, soit un arbitre commun.

Obtempérant à notre invitation, les parties ont déclaré nommer chacune un arbitre, et elles ont désigné, pour les représenter en cette qualité, savoir :

1° M. E. B..... et son délégué, M. G. F....., marchand de bois, demeurant à Nevers, président du syndicat des marchands de bois de la Nièvre ;

2° Et les délégués des bûcherons, M. A. M....., propriétaire, maire de la commune de..... où il demeure ;

Qu'elles prient d'accepter lesdites fonctions d'arbitres, et à qui elles confient mission de trancher le différend qui s'est élevé entre elles, dont les prétentions respectives sont indiquées plus haut ; en conséquence, se réunir le plus promptement possible en conseil d'arbitrage, dresser procès-verbal de la décision prise et le remettre à M. le Juge de paix du canton de Prémery, le tout en conformité de la loi du 27 décembre 1892.

Et, après lecture faite, le présent procès-verbal a été signé par tous les membres du comité, par notre greffier et par nous.

(Signatures.)

14. — Avis de nomination à un arbitre

JUSTICE DE PAIX DU CANTON DE PRÉMERY (Nièvre)

Prémery, le 10 mai 1893.

A M. J. F....., marchand de bois, demeurant à Nevers, président du syndicat des marchands de bois de la Nièvre.

MONSIEUR,

J'ai l'honneur de vous adresser ci-dessous copie d'un procès-verbal dressé le 9 mai présent mois, par le comité de conciliation formé pour résoudre un différend d'ordre collectif survenu entre M. E. B....., marchand de bois à..... et les bûcherons de sa coupe des Grands Bois, commune de Prémery, par lequel procès-verbal vous avez été choisi par M. E. B..... comme arbitre du différend et M. A. M....., propriétaire, maire de la commune de..... où il demeure, a été désigné par les bûcherons en la même qualité.

Espérant que vous accepterez cette fonction, je vous invite à vous réunir sans retard à votre coarbitre, à l'effet de remplir votre mission conformément à la loi du 27 décembre 1892.

Agréez, Monsieur, l'assurance de ma considération la plus distinguée.

Le Juge de paix,

(Signature.)

(Copie du procès-verbal du comité de conciliation, formule 13 n° 2°.)

(S'il n'était pas donné copie du procès-verbal, il suffirait de dire :)

J'ai l'honneur de vous aviser que, par procès-verbal du comité de conciliation formé pour résoudre un différend d'ordre collectif survenu entre M..... et ....., dressé le 4 mai présent mois, vous avez été choisi par....., etc.

---

15. — Procès-verbaux d'arbitrage

1° SENTENCE CONTENANT ARRANGEMENT

L'an 1893, le vendredi 12 mai, à 2 heures du soir, dans la coupe en exploitation des Grands Bois, sise territoire de la commune de Prémery,

Nous, E. F....., marchand de bois, demeurant à Nevers, président du syndicat des marchands de bois de la Nièvre, et A. M....., propriétaire, maire de la commune de....., y demeurant,

Agissant en vertu de la loi du 27 décembre 1892 et en conformité des articles 7, 8 et 9, comme arbitres désignés par le comité de conciliation réuni le 9 de ce mois, suivant son procès-verbal ci-après visé, à l'effet de vider le différend qui s'est élevé entre M. E. B....., marchand de bois, demeurant à..... et les ouvriers bûcherons de sa coupe des Grands Bois de Prémery, où nous nous trouvons actuellement ;

Vu le procès-verbal de réunion dudit comité en date du 9 mai présent mois, constatant les prétentions suivantes pour chacune des parties, savoir :

Les ouvriers bûcherons réclament pour toutes les écorces, c'est-à-dire pour celles déjà faites, aussi bien que pour celles restant à façonner, 70 francs par cent bottes ayant chacune 1 mètre 17 centimètres de long sur 1 mètre 17 centimètres de tour ;

Et M. E. B..... offre de payer l'écorce restant à faire 70 francs les cent bottes, mais il prétend ne donner que 65 francs pour celle déjà façonnée, ou alors il offre 68 francs des cent bottes indifféremment ;

Vu la qualité du bois à écorcer et la difficulté d'écorçage résultant de la sécheresse de la présente année ;

Avons décidé que M. E. B..... paierait toute l'écorce dans sa coupe des Grands Bois, commune de Prémery, sur le pied de 70 francs les cent bottes de 1 mètre 17 centimètres de longueur sur 1 mètre 17 centimètres de circonférence, sans distinction.

En foi de quoi nous avons rédigé le présent procès-verbal, qui sera enregistré gratis en conformité de la loi du 27 décembre 1892, article 14, et remis à M. le Juge de paix du canton de Prémery.

Et nous avons signé après lecture faite.

(Signatures.)

2° AUTRE SENTENCE CONTENANT ARRANGEMENT

L'an 1893, le jeudi 18 mai, à 2 heures du soir, à Prémery, en l'une des salles de l'hôtel de ville,

Nous, C. V....., industriel demeurant à Nevers, P. M....., contremaître aux usines de Guérigny, y demeurant, et E. F....., entrepreneur, demeurant à Prémery,

Tous trois arbitres, réunis en conseil à l'effet de vider le différend qui s'est élevé entre M. G. L...., directeur de l'usine de produits chimiques de..... et les ouvriers de son usine, désignés pour remplir ces fonctions, savoir :

M. C. V..... par M. G. L..... et M. P. N..... par lesdits ouvriers ou leurs délégués, ainsi qu'il résulte du procès-verbal du comité de conciliation ci-après visé;

Et M. E. F..... par les deux précédents arbitres à défaut d'entente sur le différend, suivant procès-verbal par eux dressé le 12 mai courant ;

(Ou :)

« Et M. E. F....., troisième arbitre, par M. le Président du Tribunal civil de Cosne-sur-Loire, en vertu de son ordonnance du 13 mai courant, rendue à défaut d'entente entre les deux premiers arbitres, tant sur le règlement du différend que sur le choix du nouvel arbitre, ainsi qu'il résulte du procès-verbal qu'ils ont dressé le 12 du même mois ; »

Agissant en vertu de la loi du 27 décembre 1892 et en conformité des articles 7, 8 et 9 de ladite loi ;

Vu le procès-verbal de réunion du comité de conciliation du 9 mai présent mois, constatant les prétentions suivantes pour chacune des parties :

M. G. L..... a déclaré ne plus pouvoir payer ses ouvriers que 3 francs 75 centimes par jour, attendu qu'en présence des pertes qu'il a subies, il lui est absolument impossible de leur continuer l'ancien prix de 4 francs ;

Tandis que les ouvriers ont réclamé le prix de 4 francs qui leur a toujours été payé jusqu'à maintenant, et sur lequel ils ont dit ne pouvoir accepter aucune réduction ;

Vu la nature spéciale du travail fourni à M. G. L..... par ses ouvriers ;

Vu l'importance des bénéfices que laisse l'industrie des produits chimiques de....., malgré les nouvelles dépenses qui lui ont été imposées par le comité d'hygiène et de salubrité publique ;

Avons décidé que M. G. L..... continuerait, comme par le passé, à payer ses ouvriers à raison de 4 francs par jour.

En foi de quoi nous avons rédigé le présent procès-verbal, qui sera enregistré gratis, en conformité de la loi du 27 décembre 1892, article 14, et remis à M. le Juge de paix du canton de Prémery.

Et nous avons signé après lecture faite.

(Signatures.)

3° NOMINATION D'UN ARBITRE DÉPARTITEUR

(Le commencement comme au procès-verbal formule 15 n° 1°.)

Vu la qualité du bois à écorcer et la difficulté d'écorçage résultant de la sécheresse de la présente année ;

Attendu que nous n'avons pu nous mettre d'accord sur la décision à prendre.

Avons pensé qu'il y avait lieu de recourir à un tiers arbitre ;

En conséquence, nous avons immédiatement choisi comme nouvel arbitre M. F. F....., propriétaire, demeurant à Prémery, que nous invitons à se réunir à nous le plus tôt possible, à l'effet de terminer promptement le différend dont s'agit (*ou* le lundi 22 mai courant à 4 heures du soir, au prétoire de la justice de paix de Prémery, à l'effet de terminer le différend dont s'agit.)

En foi de quoi nous avons rédigé le présent procès-verbal, que nous avons signé après lecture faite.

(Signatures.)

4° DÉFAUT D'ARRANGEMENT ET IMPOSSIBILITÉ DE NOMMER UN SUR-ARBITRE

(Le commencement comme au procès-verbal précédent.)

Vu la qualité du bois à écorcer et la difficulté d'écorçage résultant de la sécheresse de la présente année ;

N'ayant pu nous mettre d'accord sur l'arrangement à intervenir ni sur la nomination d'un nouvel arbitre, avons immédiatement clos le présent procès-verbal, qui sera remis à M. le Juge de paix du canton de Prémery, pour être fait le nécessaire en conformité de la loi du 27 décembre 1892.

Et nous avons signé après lecture faite.

(Signatures.)

16. — Avis de nomination au nouvel arbitre

1° EN CAS DE NOMINATION PAR LES PREMIERS ARBITRES

Justice de paix du canton de Prémery (Nièvre)

Prémery, le 15 mai 1893.

A Monsieur F. F....., propriétaire, demeurant à Prémery.

MONSIEUR,

J'ai l'honneur de vous aviser que M. C. V....., industriel, demeurant à Nevers, et M. P. M....., contremaître aux usines de Guérigny, où il demeure, arbitres désignés par le comité de conciliation réuni le 9 de ce mois, à l'effet de terminer le différend qui s'est élevé entre M. G. L....., industriel, fabricant de produits chimiques à....... et les ouvriers de son usine, n'ayant pu se mettre d'accord pour régler ce différend, vous ont choisi comme nouvel arbitre à l'effet de les départager, aux termes de leur procès-verbal du 12 mai courant, dont je vous adresse une copie que vous trouverez ci-incluse (*ou* dont il vous sera donné communication).

Dans l'espoir que vous accepterez cette fonction, je vous invite à vous réunir le plus tôt possible (*ou* selon les indications contenues audit procès-verbal,) aux deux premiers arbitres pour remplir votre mission, conformément à la loi du 27 décembre 1892.

Agréez, Monsieur, l'assurance de ma considération la plus distinguée.

Le Juge de paix,

(Signature.)

2° EN CAS DE NOMINATION PAR LE PRÉSIDENT DU TRIBUNAL CIVIL

Justice de paix du canton de Prémery (Nièvre).

Prémery, le 15 mai 1893.

A Monsieur F. F....., propriétaire, demeurant à Prémery.

MONSIEUR,

J'ai l'honneur de vous aviser que M. C. V....., industriel, demeurant à Nevers, et M. P. M...... contremaître aux usines de Guérigny, où il demeure, arbitres désignés par le comité de conciliation réuni le 9 de ce mois, à l'effet de terminer le différend qui s'est élevé entre M. G. L....., industriel, fabricant de produits chimiques, demeurant à....., et les ouvriers de son usine, n'ayant pu se mettre d'accord pour vider ce différend, ni pour le choix d'un autre arbitre, ainsi qu'il résulte de leur procès-verbal du 12 mai courant, vous avez été choisi pour nouvel arbitre par M. le Président du Tribunal civil de première instance de Cosne-sur-Loire, suivant son ordonnance en date du 13 mai présent mois.

Vous trouverez incluses les copies (*ou bien :* Il vous sera donné communication) du procès-verbal des premiers arbitres et de l'ordonnance susénoncés.

Dans l'espoir que vous accepterez la fonction qui vous est attribuée, je vous invite à vous réunir immédiatement aux deux premiers arbitres pour remplir votre mission conformément à la loi du 27 décembre 1892.

Agréez, Monsieur, l'assurance de ma considération très distinguée.

Le Juge de paix,

(Signature.)

---

17. — Transmission au Président du Tribunal civil d'un procès-verbal d'arbitres

Justice de paix du canton de Prémery (Nièvre)

Prémery, le 12 mai 1893.

Monsieur le Président du Tribunal civil, à Cosne-sur-Loire

Monsieur le Président,

J'ai l'honneur de vous transmettre le procès-verbal dressé aujourd'hui même par les arbitres désignés par le comité de conciliation réuni le 9 de ce mois, à l'effet de trancher le différend qui s'est élevé entre M. E. B....., marchand de bois, demeurant à....., et les ouvriers bûcherons de sa coupe des Grands Bois, commune de Prémery.

Ces arbitres n'ayant pu se mettre d'accord sur la solution à donner au différend, ni sur le choix de l'arbitre départiteur, je vous prie de bien vouloir nommer ce dernier, conformément à l'article 8 de la loi du 27 décembre 1892.

Je désigne spécialement à votre choix M. F..... F...... propriétaire, demeurant à Prémery, qui, par ses connaissances techniques, son désintéressement dans la lutte, son impartialité comme des employeurs et des employés, imposera à tous une incontestable autorité, et remplira sa mission à la satisfaction générale.

Veuillez agréer, Monsieur le Président, l'assurance de mes sentiments les plus distingués.

Le Juge de Paix,

(Signature.)

---

18. — Ordonnance de nomination d'un arbitre départiteur

ORDONNANCE

Nous, Président du Tribunal civil de Cosne-sur-Loire,
Vu la loi du 27 décembre 1892, article 8 ;
Vu le procès-verbal ci-dessus, en date du 12 mai courant, constatant que les arbitres nommés pour résoudre le différend qui s'est élevé entre M. E. B....., marchand de bois, demeurant à....., et les ouvriers bûcherons de sa coupe de bois des Grands Bois, commune de Prémery, ne sont pas arrivés à se mettre d'accord ni sur la solution du litige, ni sur le choix d'un arbitre départiteur;
Nommons pour nouvel arbitre du différend M. F. F......, propriétaire, demeurant à Prémery, qui se réunira aux deux

précédents à l'effet de terminer la difficulté, conformément à la loi du 27 décembre 1892.

A Cosne-sur-Loire, en notre hôtel, le 13 mai 1893.

Le Président,

(Signature.)

N.-B. — Cette ordonnance est à mettre à la suite du procès-verbal des arbitres.

___

19. — Offre de recourir à la conciliation en cas de grève

Justice de paix du canton de Prémery (Nièvre)

___

(Loi du 27 décembre 1892)

___

Le Juge de paix du canton de Prémery (Nièvre), agissant en cas de grève à défaut d'initiative de l'une ou l'autre des parties, en conformité de l'article 10 de la loi du 27 décembre 1892, invite les ouvriers bûcherons de la coupe des Grands Bois, commune de Prémery, et M. E. B....., marchand de bois, demeurant à....., leur patron, à se rapprocher en sa présence, en comité de conciliation, à l'effet d'arriver, soit par la conciliation, soit par l'arbitrage, à la solution du différend qui s'est élevé entre eux et a produit la grève.

Il les avise, qu'ils n'ont que trois jours pour lui faire connaître l'objet du différend avec l'exposé succinct des motifs allégués, et pour lui transmettre leur refus ou leur acceptation écrite à la tentative de conciliation proposée, laquelle acceptation devra contenir les noms, qualités et domiciles des délégués qu'ils auront choisis pour les assister ou les représenter audit comité, sans que le nombre des personnes ainsi désignées puisse dépasser cinq. (Article 4.)

Ces délégués doivent être pris parmi les intéressés (article 2), être majeurs, citoyens français, et jouir de leurs droits civils, civiques et politiques. (Article 15.)

Passé le délai de trois jours, le silence des parties sera tenu pour un refus de conciliation.

Toutefois, si leur éloignement et la nécessité de se consulter, ou toute autre cause qu'elles indiqueraient, ne leur permettait pas, à l'une ou à l'autre, de donner une réponse dans les trois jours, elles auraient à en aviser le Juge de paix avant l'expiration de ce délai, et à lui dire quel serait le temps nécessaire à la réponse.

Prémery, le........

Le Juge de paix,

(Signature.)

N.-B. — Cette formule peut servir aussi bien pour l'invitation par lettre que le Juge de paix adresse d'office aux intéressés en cas de grève, que pour les placards qu'il fait apposer.

20. — Acceptation de l'invitation à conciliation après grève

A Monsieur le Juge de paix du canton de Prémery (Nièvre).

MONSIEUR LE JUGE DE PAIX,

Le soussigné E. B....., marchand de bois, demeurant à....., a l'honneur de vous aviser qu'il adhère à la proposition et qu'en ce qui le concerne, il accepte la réunion d'un comité de conciliation à l'effet de s'entendre pour arriver au règlement du différend qui s'est élevé entre lui et les ouvriers bûcherons de sa coupe des Grands Bois, commune de Prémery, et qui a produit la grève.

Ce différend provient de ce que les bûcherons, après avoir accepté de lui façonner l'écorce de ladite coupe à raison de 63 francs les cent bottes d'une longueur de 1 mètre 17 centimètres sur 1 mètre 17 centimètres de circonférence et, après avoir commencé le travail, ont ensuite prétendu exiger le prix de 70 francs par cent bottes, ce qu'il lui est impossible d'accorder.

Le soussigné déclare prendre pour l'assister au comité de conciliation M. L. B....., marchand de bois, demeurant à....., son frère et son associé.

Fait à....., le.....

(Signature.)

21. — Convocation du comité de conciliation en cas de grève

JUSTICE DE PAIX DU CANTON DE PRÉMERY (Nièvre)

Prémery, le 7 mai 1893.

A Monsieur P. M....., bûcheron, demeurant à la Grange-Mouton, commune de Dompierre-sur-Nièvre, membre du syndicat des bûcherons de la Grange-Mouton, délégué des ouvriers faisant partie de ce syndicat.

MONSIEUR,

Le Juge de paix du canton de Prémery, ayant reçu les avis d'acceptation par les deux parties intéressées de l'offre qu'il leur a faite de recourir à la conciliation ou même à l'arbitrage, en conformité de la loi du 27 décembre 1892, pour le règlement du différend qui s'est élevé entre M. E. B....., marchand de bois, demeurant à..... et les ouvriers bûcherons de sa coupe des Grands Bois, commune de Prémery, a l'honneur de vous convoquer d'urgence, ainsi que les autres délégués vos collègues, pour vous réunir, en sa présence, en comité de conciliation, à M. E. B....., ou à ses représentants et délégués, mardi prochain 9 mai 1893, à 2 heures du soir, en la mairie de....., à l'effet d'arriver, s'il est possible, à l'arrangement de ce différend.

Le Juge de paix,

(Signature.)

22. — Procés-verbal de réunion du comité de conciliation sur l'initiative du Juge de paix

JUSTICE DE PAIX DU CANTON DE PRÉMERY (Nièvre)

L'an 1893, le mardi 9 mai, à 2 heures de l'après-midi, en la salle de la mairie de....., où nous nous sommes transporté,

Nous, A. B....., Juge de paix du canton de Prémery, arrondissement de Cosne-sur-Loire (Nièvre), assisté de P. L....., notre greffier,

Agissant en vertu de la loi du 27 décembre 1892 sur la conciliation et l'arbitrage facultatifs et, conformément aux articles 5, 6, 10 et 12 de ladite loi,

Ayant pris l'initiative, en présence d'une grève effective, d'inviter les intéressés à recourir à la conciliation ou l'arbitrage s'il est besoin, pour le règlement du différend qui s'est élevé entre eux, et notre invitation ayant été acceptée par chacune des parties, qui ont choisi des délégués ou représentants selon qu'il était utile ou qu'il leur a convenu, la réunion du comité de conciliation a été fixée à ces lieu, jour et heure.

En conséquence, sont à l'instant comparus :
(Le reste comme aux formules 13, n° 1° ou 13, n° 2°.)

23 — Rapport à M. le Procureur de la République

JUSTICE DE PAIX DU CANTON DE PRÉMERY (Nièvre)

Prémery, le.....

A Monsieur le Procureur de la République à Cosne-sur-Loire.

MONSIEUR LE PROCUREUR DE LA RÉPUBLIQUE,

Pour satisfaire au désir manifesté par M. le Garde des Sceaux, Ministre de la Justice, dans sa circulaire du 18 février 1893, relative à l'application de la loi du 27 décembre 1892, sur la conciliation et l'arbitrage en matière de différends collectifs entre patrons et ouvriers ou employés, j'ai l'honneur de vous adresser le présent rapport sur les circonstances et les résultats qui se sont produits dans le différend qui s'est élevé entre M. E. B....., marchand de bois, demeurant à....., et les ouvriers bûcherons de sa coupe des Grands Bois, commune de Prémery, pour le règlement duquel M. E. B..... a pris l'initiative de demander qu'il soit recouru à la conciliation et au besoin à l'arbitrage, par une déclaration en date du.....

Ou : (pour le règlement duquel les deux parties ont demandé qu'il soit recouru à la conciliation et au besoin à l'arbitrage, suivant déclarations des..... et......)

Ou : (pour le règlement duquel j'ai pris l'initiative, en présence de la grève et en conformité de l'article 10 de la loi susdite, de proposer aux parties de recourir à la conciliation et, s'il était nécessaire, à l'arbitrage, suivant avis affiché du.....)

La partie adverse n'ayant pas fourni de réponse à la demande de M. E. B....., dans le délai fixé par l'article 4 de la loi susdite, cette absence de réponse a été considérée comme un refus.

Par suite, la tentative faite en exécution de la même loi n'a donné aucun résultat.

Ou :

(M. E. B... a accepté l'offre de recourir à la conciliation et à l'arbitrage, tandis que les ouvriers bûcherons n'ont fourni aucune réponse dans le délai fixé par l'article 4 de la loi dont s'agit, en sorte que cette absence de réponse a été tenue pour un refus.

Par suite, la tentative faite en exécution de la même loi n'a pas donné de résultat.)

Ou :

(M. E. B... a répondu à cet avis par un refus, et les ouvriers bûcherons n'ont pas fourni de réponse dans le délai fixé par l'article 4 de la loi dont s'agit, ce qui a été également considéré comme un refus.

En conséquence, la tentative faite en exécution de la même loi n'a donné aucun résultat.)

Ou :

(Ni l'une ni l'autre partie n'ayant fourni de réponse à cet avis dans le délai fixé par l'article 4 de la loi dont s'agit, leur silence a été pris pour un refus.

Par suite, la tentative faite en exécution de la même loi n'a pu donner de résultat.)

Ou :

(A la suite de ces déclarations réciproques, le comité de conciliation, composé conformément à la loi, s'est réuni le...)

Ou :

(L'offre de recourir à la conciliation et à l'arbitrage ayant été acceptée, le comité de conciliation, composé conformément à la loi, s'est réuni le.....)

Voici quelles étaient les prétentions respectives des parties :

Les ouvriers bûcherons réclamaient 70 fr. par cent bottes d'écorce de 1 mètre 17 centimètres de long sur 1 mètre 17 centimètres de toar, et aussi bien pour celles déjà faites que pour celles restant à faire, tandis que M. E. B..... tout en acceptant de payer 70 fr. celles restant à faire, ne voulait donner, selon ses engagements antérieurs, que 65 fr. pour celles déjà faites, ou offrait de payer, sans distinction, les unes et les autres 68 fr.

Ledit comité ayant discuté ces prétentions est tombé d'accord sur l'arrangement suivant :

Il a été décidé que toutes les écorces faites antérieurement au..... seraient payées 68 fr. les cent bottes, et toutes celles qui seraient faites ensuite seraient payées 70 fr. Et que, pour éviter les erreurs, les écorces faites avant le..... seraient immédiatement comptées, payées et mises à part.

Par suite de cet arrangement, le différend s'est trouvé terminé.

Les ouvriers ont repris leur travail. (1)

Ou :

(Ledit comité ayant discuté ces prétentions n'a pu se mettre d'accord sur le règlement du différend et a nommé..... arbitres, à qui mission a été donnée de le trancher.

Ces arbitres étaient :

Pour.....

M.....

Et pour.....

M.....

(1) Cette phrase serait à supprimer s'il n'y avait pas eu grève.

Ils se sont réunis le..... en conseil d'arbitrage, et ils ont décidé que toutes les écorces faites dans la coupe des Grands Bois, seraient payées 68 fr. les cent bottes d'une longueur de 1 mètre 17 centimètres et d'une circonférence de 1 mètre 17 centimètres, sans distinction.

Par suite de cette décision, le différend s'est trouvé terminé.)

Ou :

(Ils se sont réunis le..... en conseil d'arbitrage, mais n'ont pu se mettre d'accord sur le règlement du différend, ni sur le choix d'un arbitre départiteur.

En conséquence, ce nouvel arbitre a été nommé par M. le Président du Tribunal civil de Cosne-sur-Loire, qui, suivant ordonnance du..... a désigné M.....)

Ou :

(Ils se sont réunis le..... en conseil d'arbitrage, mais n'ont pu se mettre d'accord sur le règlement du différend, et ont nommé pour troisième arbitre M.....)

(Et le nouveau conseil, formé des arbitres ci-dessus indiqués, s'est réuni le....., ainsi qu'il résulte du procès-verbal par lui dressé le même jour, et il a décidé que toutes les écorces faites ou à faire dans la coupe des Grands Bois, commune de Prémery, seraient payées, sans distinction, 70 fr. les cent bottes.

Par suite de cette décision arbitrale, qui a été immédiatement exécutée, le différend s'est trouvé terminé et les ouvriers ont repris leur travail.)

De tout quoi il a été dressé le présent rapport.

Veuillez agréer, Monsieur le Procureur de la République, l'assurance de mes sentiments les plus distingués.

Le Juge de paix,

(Signature.)

CIRCULAIRE

DE

M. LE MINISTRE DU COMMERCE, DE L'INDUSTRIE ET DES COLONIES

Relative à la Loi du 27 Décembre 1892

SUR LA CONCILIATION & L'ARBITRAGE

En matière de différends collectifs

ENTRE PATRONS & OUVRIERS OU EMPLOYÉS

Paris, le 23 janvier 1893.

MONSIEUR LE PRÉFET,

La loi du 27 décembre 1892 sur la conciliation et l'arbitrage en matière de différends collectifs entre patrons et ouvriers, dont vous trouverez ci-contre le texte, a pour but manifeste de prévenir ou d'apaiser les conflits entre le capital et le travail, et, par-dessus tout, d'éviter ou d'abréger les grèves. En l'édictant, le législateur a voulu, dans l'intérêt même du développement régulier de notre industrie nationale, mettre à l'abri des perturbations évitables l'existence de la partie la plus nombreuse de la population, celle qui vit uniquement du produit de son travail journalier, et dont le sort fait l'objet des préoccupations constantes du Gouvernement républicain.

Il appartient à mes collègues de la Justice et de l'Intérieur (1) d'adresser, chacun en ce qui le concerne, les instructions nécessaires pour l'application de cette loi, qui investit les juges de paix d'attributions nouvelles (art. 2 et suivants), et comprend (art. 13) dans les dépenses obligatoires des communes et des départements les frais qu'entraînera la tenue des comités de conciliation et d'arbitrage.

Pour ma part, placé à la tête du département ministériel qui a présenté au Parlement le projet de la loi dont il s'agit et auquel vous aurez à transmettre, conformément à l'art. 11, copie des procès-verbaux et décisions mentionnés aux articles 6, 8 et 9, je crois devoir dès aujourd'hui, en raison de l'importance exceptionnelle de cette loi, vous indiquer dans quel esprit vous aurez à en conseiller, au besoin, et à en suivre, en tous cas, l'application.

I

Les conflits contemporains du capital et du travail résultent, pour la plupart, vous ne l'ignorez pas, Monsieur le Préfet, de l'expansion de la grande industrie, qui repose, non seulement sur le progrès des sciences et des arts, mais encore sur la concentration et l'anonymat des capitaux. Dans cette organisation nouvelle du travail, les ouvriers et les chefs industriels ne vivent plus dans la même intimité que par le passé ; ayant moins de rapports personnels, ils se méprennent trop souvent sur la nature de leurs sentiments réciproques. Sous un pareil régime, de simples malentendus se transforment facilement en désaccords profonds et du caractère le plus aigu.

(1) Il n'est pas à notre connaissance que l'instruction ministérielle du département de l'Intérieur ait jamais vu le jour. (A. B.)

Les observateurs attentifs, les industriels prévoyants n'ont pas tardé à reconnaître que le meilleur moyen d'éviter l'irritation de ces dissidences, primitivement légères, et de les calmer quand elles se sont exaltées, est de provoquer des contacts plus fréquents et des échanges de vues plus approfondies entre des hommes qui ne se combattent, d'ordinaire, que parce qu'ils manquent des moyens de s'apprécier et de rendre justice à leurs intentions respectives.

L'expérience a partout justifié cette manière de voir, sous l'inspiration de laquelle l'initiative privée a créé, en Angleterre, en Belgique et en Amérique, d'admirables institutions de conciliation et d'arbitrage, qui, mettant les patrons et les ouvriers d'une même usine ou d'une même industrie en relations permanentes, leur permettent d'examiner et de trancher paisiblement, dès qu'elles apparaissent, leurs contestations professionnelles, et font vivre, en définitive, les représentants du capital et du travail dans un loyal accord.

La loi du 27 décembre 1892 a pour but idéal les mêmes résultats, et, dès maintenant, elle ouvre la route qui permettra de les atteindre. Cet espoir ne paraîtra sans doute pas chimérique, si l'on remarque que, loin de vouloir créer artificiellement un courant d'opinion, le nouveau texte répond directement à des aspirations déjà anciennes, qui s'étaient révélées plus générales et plus pressantes à l'occasion des grèves importantes de ces dernières années.

D'une part, en effet, la tendance à substituer le raisonnement et la discussion pacifique à la cessation brusque et comminatoire du travail, à la grève, s'est déjà maintes fois manifestée en France, d'autre part, plusieurs grèves mémorables s'y sont heureusement terminées par la conciliation ou par l'arbitrage ; enfin, près de la moitié des syndicats professionnels d'ouvriers, constitués conformément à la loi de 1884, se sont spontanément imposés par leurs statuts l'obligation de ne recourir à la grève qu'après avoir épuisé tous les moyens de conciliation.

En grand nombre donc, les patrons et les ouvriers français sont animés déjà de l'esprit même qui a inspiré la loi nouvelle, et cette seule constatation est du meilleur augure pour son influence future et prochaine.

II

La loi du 27 décembre 1892 ne peut être mise en mouvement que par trois catégories de personnes : les patrons, les ouvriers et, à leur défaut, les juges de paix ; mais vous aussi, Monsieur le Préfet, pourrez contribuer très efficacement à la faire pénétrer dans les mœurs.

Observateur attentif de toutes les perturbations que peut subir l'ordre public, informé le premier de leur apparition, tenu quotidiennement au courant de tous leurs symptômes, vous êtes encore souvent sollicité, par les intéressés eux-mêmes, d'intervenir dans les conflits industriels comme arbitre officieux et, parfois même, pour faire sentir le poids de votre influence à l'une ou l'autre des parties. Vous serez donc mieux qualifié que personne pour conseiller aux intéressés de recourir à la loi nouvelle, qui leur fournit les moyens de terminer ces conflits pacifiquement, promptement et d'un commun accord.

Certes, l'arbitrage organisé par la loi de 1892 n'est que facultatif ; on peut le réclamer ou le repousser en toute indépendance ; la liberté de coalition et de grève reste entière, sans aucune restriction. Mais la procédure gratuite instituée par la loi est si simple, elle est si propre à recevoir une application presque instantanée, dans tous les cas, dans tous les lieux et avec le moindre dérangement possible, elle est si respectueuse de toutes les susceptibilités et de tous les intérêts, que vous ne devrez vous faire aucun scrupule de la recommander en toute occurence et sans hésitation.

Cette procédure convient, en effet, aux conflits qui s'étendent à tous les établissements d'une industrie dans plusieurs communes ou dans toute une région, comme à ceux qui n'intéressent qu'un seul atelier, une seule usine ou une section d'usine; elle s'applique aussi aux différends qui surgissent dans les travaux temporaires, à personnel nomade, tels que certains travaux d'agriculture et de terrassements; elle peut être offerte aux ouvriers qui ont déjà cessé le travail, aussi bien qu'à ceux qui sont résolus à ne recourir à la grève qu'après avoir épuisé tous les moyens de conciliation. Les violations, même de la liberté du travail, dont certains grévistes pourraient s'être rendus coupables, ne devront pas vous détourner de faire tous vos efforts pour ramener les parties en lutte à la considécation des avantages de la loi du 27 décembre 1892.

En un mot, Monsieur le Préfet, bien que votre premier devoir, en temps de grève comme toujours, soit de maintenir l'ordre public et d'assurer strictement à tous la liberté du travail, je ne vois pas de cas où vous ne puissiez insister pour démontrer la supériorité des procédés institués par cette loi sur tous ceux auxquels on avait naguère coutume de recourir. Cette insistance sera d'autant plus efficace qu'elle se produira à une époque plus rapprochée de l'origine des conflits; car c'est précisément au moment où la notion du devoir perd de sa netteté et tend à s'effacer qu'il est urgent de provoquer des rapprochements et de faire appel à la raison. Trop souvent, jusqu'ici, l'idée de l'arbitrage n'a surgi que quand déjà les esprits étaient aveuglés et les cœurs aigris par des récriminations réciproques, et l'arbitrage n'a donné, dans ces conditions, que des résultats peu décisifs. Vous ré-

pudierez avec résolution ces anciens errements et considére-
rez, avant tout, la loi du 27 décembre 1892 comme un moyen
préventif des conflits.

Les ouvriers savent déjà qu'à une époque où l'appui de
l'opinion publique est indispensable pour le triomphe d'une
revendication quelconque, le plus sûr moyen qu'ils aient de
se ménager cet appui est d'exposer publiquement les motifs
de leurs réclamations et d'en provoquer franchement la discussion contradictoire. Vous leur rappellerez que la liberté
du travail, conquise et consacrée par la Révolution, constitue,
pour chaque citoyen, la garantie nécessaire de son indépendance. Vous leur ferez sentir que, désormais, en raison des
facilités nouvelles qui leur sont accordées pour débattre et
régler sur un terrain neutre, en présence d'un tiers désintéressé, les contestations qui peuvent s'élever entre eux et leurs
patrons, les grèves seront plus malaisément comprises et les
atteintes à la liberté du travail sans prétexte ni excuse.

Vous pourrez parfois vous trouver en présence de grévistes
qui, appartenant à des établissements dans lesquels les usages
ou les règlements d'atelier ont établi la clause du délai-congé,
sembleront croire que la liberté de coalition les autorise à
tenir pour nul et non avenu le contrat de louage. C'est là une
erreur grave, que vous devrez vous efforcer de dissiper.
Collective ou individuelle, la rupture du contrat de louage
est, en effet, soumise aux mêmes règles : elle peut donner
lieu à indemnité, si les délais habituels, dans tous les métiers
où l'usage les a consacrés n'ont pas été respectés.

Toutefois, alors même que vous vous trouverez en face de
la violation accomplie d'une ou plusieurs clauses du contrat
de louage, soit par les patrons, soit par les ouvriers, vous
devrez, comme dans tous les autres cas, insister pour le plus
prompt recours à la procédure de conciliation.

Le Gouvernement a, d'ailleurs, la ferme confiance qu'après

une très courte expérience, les ouvriers reconnaîtront d'eux-mêmes que la loi nouvelle est propre à leur épargner les chômages prolongés et toutes les misères qui en découlent inévitablement. En effet, sans discontinuer de travailler, ils peuvent invoquer sa procédure pour exposer leurs griefs et les faire accueillir, en ne mettant, pour cela, en péril ni leurs salaires ni la production nationale, dont la prospérité leur importe autant qu'aux chefs industriels.

La preuve sera ainsi bientôt faite que la loi du 27 décembre 1892, sur la conciliation et l'arbitrage, combinée avec celle du 21 mars 1884 sur les syndicats professionnels, permet aux ouvriers capables d'apprécier l'économie et la portée de cette combinaison de faire aboutir, sans troubles ni violence, toutes leurs revendications légitimes.

De leur côté, les patrons, conscients de leurs véritables intérêts, se montreront certainement disposés à invoquer ou accepter la procédure nouvelle. Vous ne laisserez échapper, Monsieur le Préfet, aucune occasion de les y inviter par vos conseils, et, le cas échéant, vous userez de toute votre influence morale sur ceux qui hésiteraient à recourir à l'arbitrage par crainte de compromettre leur autorité en donnant à leurs ouvriers les motifs de leurs décisions et admettant l'intervention de tiers dans le règlement de leurs affaires.

Il est à remarquer, en effet, que, si les industriels français se sont, depuis longtemps et en grand nombre, signalés par la fondation d'institutions de tout genre destinées à améliorer le sort de leur personnel, ils n'ont pas vu toujours leurs sacrifices appréciés à leur juste valeur, parce qu'ils avaient négligé de consulter au préalable ceux qui devaient en bénéficier. A plus forte raison, quand il s'agit de modifier, dans leurs établissements, les conditions du travail, ont ils un intérêt majeur à pressentir leur personnel au sujet des changements projetés et de leurs conséquences.

Si, enfin, ces changements donnent lieu à contestation, les patrons peuvent encore, en recourant d'eux-mêmes à la loi sur la conciliation et l'arbitrage ou répondant loyalement aux appels qu'elle permet de leur adresser, coopérer avec efficacité, sans compromettre en rien leur situation, au maintien de la paix sociale et de l'harmonie nécessaire du capital et du travail.

III

Si vous voulez bien, Monsieur le Préfet, considérer les développements qui précèdent comme une sorte de commentaire théorique et pratique de l'article premier de la loi du 27 décembre 1892, il ne me restera plus, pour compléter les explications que vous doit le Ministre du Commerce et de l'Industrie, qu'à vous dire quelques mots de l'article 11 de cette loi, le seul dont mon département ait à surveiller directement l'exécution.

Cet article vous prescrit de me transmettre les procès-verbaux et décisions mentionnés aux articles 6, 8 et 9. Vous voudrez bien joindre, chaque fois, à ces pièces le texte de toutes les propositions repoussées par les parties, ainsi que des renseignements complets sur la suite qu'auront donnée les intéressés aux décisions des comités de conciliation ou d'arbitrage.

Tous ces documents devront m'être adressés sous le timbre de la « Direction de l'Office du travail ».

J'ai épuisé de la sorte, Monsieur le Préfet, la série des réflexions principales que la loi du 27 décembre 1892 m'a suggérées et qu'il m'a paru utile de vous communiquer. Vous les compléterez certainement par vos propres méditations, éclairées bientôt par les lumières que vous fournira l'expérience, et vous tiendrez sûrement à honneur de ne négliger aucun effort pour rendre aussi salutaire que possible l'action d'une loi que les plus hautes préoccupations sociales ont inspirée aux Pouvoirs publics.

Recevez, Monsieur le Préfet, l'assurance de ma considération la plus distinguée,

Le Ministre du Commerce, de l'Industrie
et des Colonies,

(Signé :) Jules SIEGFRIED.

CIRCULAIRE

DE

M. LE MINISTRE DE LA JUSTICE

Relative à la Loi du 27 Décembre 1892

SUR LA CONCILIATION & L'ARBITRAGE

En matière de différends collectifs

ENTRE PATRONS & OUVRIERS OU EMPLOYÉS

Paris, le 18 février 1893.

Monsieur le Procureur général,

M. le Ministre du Commerce, de l'Industrie et des Colonies, vient d'adresser aux préfets une instruction portant la date du 23 janvier 1893, qui forme le commentaire le plus autorisé de la loi du 27 décembre 1892 sur la conciliation et l'arbitrage en matière de différends collectifs entre patrons et ouvriers ou employés. Vous en trouverez ci-joint un exemplaire.

Je n'aurais rien à ajouter à cet exposé doctrinal des vues qui ont inspiré le Gouvernement et les Chambres dans la préparation et le vote de la loi, si les dispositions qu'elle édicte n'investissaient les juges de paix d'attributions nouvelles aussi importantes que délicates. A cet égard, mon collègue a dû me laisser le soin d'indiquer à ces magistrats les devoirs qui leur incombent pour tenter de prévenir ou d'apaiser, dans la limite du possible, les conflits qui s'élèvent trop souvent, de nos jours, entre le capital et le travail

Je dois, avant tout, préciser la portée exacte de la loi nouvelle. Elle n'a pas entendu organiser, quant à présent du moins, des conseils permanents de conciliation et d'arbitrage. Elle se borne à prévoir des crises accidentelles et, cherche à porter remède à un mal déjà déclaré. Ses dispositions ne deviennent applicables que si un différend d'ordre collectif, portant sur les conditions du travail, s'élève entre patrons et ouvriers. Même dans ce cas, si elle offre son secours, elle ne l'impose pas : fidèle à cette pensée que la conciliation doit être volontairement acceptée et ne peut être subie par contrainte, elle n'a voulu donner à aucun des moyens d'apaisement proposés un caractère obligatoire. Les parties demeurent toujours libres de recourir ou non à la tentative de conciliation, de l'accepter ou de la refuser. Après son échec, elles ont le droit, mais non pas le devoir, de recourir à l'arbitrage, qui est essentiellement facultatif. Enfin, l'accord établi dans le comité de conciliation, et même la sentence rendue par les arbitres ne se recommandent au respect et à l'obéissance des parties que par leur autorité morale : la loi s'est volontairement abstenue de leur imprimer la force exécutoire.

Jusqu'à ce jour, lorsqu'un conflit s'élevait, il n'existait aucun procédé rapide pour le résoudre amiablement. D'autre part, ceux qui étaient disposés à faire les premières ouvertures étaient contraints de s'adresser eux-mêmes à leurs adversaires. Ils pouvaient craindre que cette démarche ne fût interprétée comme un signe de faiblesse et ne devint ainsi un encouragement à la résistance. Des hésitations difficiles à surmonter, des susceptibilités parfois légitimes paralysaient trop souvent les intentions les meilleures ; il a paru qu'on triompherait des unes et qu'on écarterait les autres en confiant à une tierce personne le soin de provoquer le rapprochement, la discussion et l'entente. Ainsi, le choix d'un intermédiaire autorisé, l'organisation d'une procédure simple et gratuite, telles ont été les principales préoccupations du législateur.

Il a très justement pensé que le médiateur devait être investi de l'estime et de la considération publiques, étranger aux luttes politiques, désintéressé dans les querelles industrielles, aussi rapproché que possible du théâtre du conflit et, suivant le vœu du Conseil supérieur du travail, il a choisi, pour lui confier cette tâche, le juge de paix, auquel sa qualité de magistrat assure une haute autorité morale et dont le titre même proclame les intentions conciliantes.

Quant à la procédure, dont l'explication détaillée fait l'objet de la présente circulaire, il y a lieu de distinguer d'abord suivant qu'elle doit se suivre avant ou après une déclaration de grève. Dans le premier cas, elle ne peut être mise en mouvement que par l'une des parties intéressées au contrat du travail : les patrons d'une part, les ouvriers ou employés de l'autre. Dans le second, les circonstances étant plus graves, et le droit d'initiative des parties restant d'ailleurs entier, ce droit est étendu au juge de paix, qui peut alors, mais alors seulement, provoquer le rétablissement de la bonne harmonie rompue par la grève. Dans l'un et l'autre cas, d'ailleurs, la procédure comporte deux phases successives : la tentative de conciliation d'abord ; ensuite et faute de conciliation, l'arbitrage.

I. — DE LA CONCILIATION. (Art. 2 à 6.)

Aux termes de l'article 1ᵉʳ, les patrons, ouvriers et employés entre lesquels s'est produit un différend d'ordre collectif portant sur les conditions du travail, peuvent soumettre les questions qui les divisent à un comité de conciliation. Les formes dans lesquelles ce comité doit être constitué sont déterminées par les articles 2 à 5 de la loi, qui règlent les procédés à employer pour la demande et pour la réponse, pour la désignation des délégués et pour leur réunion en présence du juge de paix. L'article 6 indique comment doit être constaté l'accord entre les parties, lorsqu'il intervient.

Le droit de provoquer la réunion du comité n'appartient qu'aux patrons et aux ouvriers et employés ; mais les uns et les autres en sont pareillement investis, et la loi établit entre eux, à ce point de vue, l'égalité la plus parfaite. Des deux parties que le contrat de travail a liées et qu'un désaccord sépare, c'est à la plus diligente et à la mieux intentionnée qu'il appartient de faire le premier pas dans la voie d'un rapprochement amiable. Si le désir d'une entente est égal des deux côtés, la demande peut être réciproque : « Les patrons, ouvriers ou employés, » dit l'article 2, « adressent, soit ensemble, soit séparément..., au juge de paix..., une déclaration écrite. » La demande peut émaner, d'ailleurs, non seulement des parties en personne, mais aussi de leurs mandataires ; dans ce dernier cas, et sans qu'il y ait lieu d'assujétir la preuve du mandat à aucune forme solennelle, le magistrat devra en vérifier avec soin l'existence et l'étendue. Le juge de paix compétent pour recevoir cet appel à la conciliation est celui du canton où existe le différend, et, s'il s'étend à plusieurs cantons, le juge de paix de chacun d'eux peut être, indifféremment, saisi de la demande.

La déclaration devra contenir :

1° Les noms, qualités et domiciles des demandeurs ou de ceux qui les représentent ;

2° L'objet du différend, avec l'exposé succinct des motifs allégués par la partie ;

3° Les noms, qualités et domiciles des personnes auxquelles la proposition de conciliation doit être notifiée;

4° Les noms, qualités et domiciles des délégués choisis parmi les intéressés par les demandeurs pour les assister ou les représenter, sans que le nombre des personnes désignées puisse être supérieur à cinq.

Cette dernière prescription seule nécessite des explications. Une longue expérience démontre que la condition la plus nécessaire au succès de toute tentative de conciliation est la comparution personnelle des parties litigantes. Dans les hypothèses prévues par la loi du 27 décembre 1892, cette condition ne pouvait évidemment pas être réalisée, à raison du nombre le plus souvent trop considérable des ouvriers en cause. De là la nécessité d'admettre la représentation par délégués.

Le juge de paix n'aura pas mission de rechercher comment ces délégués auront été choisis. « La loi », dit l'exposé des motifs, « s'est volontairement abstenue de déterminer le mode de nomination des délégués des parties en cause. Elle s'en rapporte sur ce point aux intéressés eux-mêmes, éclairés à cet égard par une expérience déjà acquise. Elle n'a pas voulu imposer des formalités électorales qui n'auraient fait qu'apporter des entraves à la prompte solution du conflit. » Et le rapporteur, devant la Chambre des députés, ajoutait : « La loi dispose, sans s'inquiéter de la formation du corps électoral, que les parties intéressées dans le débat, ouvriers ou patrons, nommeront leurs délégués à leur fantaisie, comme ils ont l'habitude de le faire, sans règle de procédure électorale. »

Néanmoins, si l'on a dû s'incliner devant l'impossibilité de la comparution de toutes les parties en cause, on a entendu proscrire la comparution de personnes qui ne seraient pas directement intéressées dans le conflit. Un amendement qui proposait de reconnaître la faculté d'adjoindre aux délégués professionnels un délégué supplémentaire pris en dehors de la profession avec voix consultative seulement, a été repoussé sur cette observation du président de la commission de la Chambre des députés : « Nous craignons que si, dans les débats de la nature de ceux qui nous occupent, qui sont des débats absolument professionnels, on adjoint des personnes étrangères à la profession, les ouvriers ne se fassent toujours accompagner d'un avocat, et ce n'est pas, à notre sens, le moyen de concilier les choses. »

Il ne suffirait pas, d'ailleurs, que les délégués fussent choisis dans la profession ; il faut encore qu'ils soient pris parmi les intéressés : s'il existe, par exemple, dans une ville, deux usines faisant le même travail, et si un différend a pris naissance dans l'une d'elles sans s'étendre à l'autre, les ouvriers de la première ne pourront déléguer, pour les représenter au comité de conciliation, leurs camarades de la seconde. Le patron ne pourrait pas davantage choisir un autre patron pour le représenter ou pour l'assister. Il ne pourra se faire accompagner que par des personnes appartenant à l'établissement industriel qu'il dirige. C'est pour exprimer cette pensée qu'on a substitué dans le texte les mots « choisis parmi les intéressés » aux mots « choisis dans la profession » qui figuraient dans la première rédaction.

Enfin, aux termes de l'article 13 de la loi, les délégués devront être citoyens français, c'est-à-dire qu'ils devront appartenir à notre nationalité, et avoir la jouissance de leurs droits civils, civiques et politiques.

Le paragraphe deux du même article permet de désigner les femmes comme déléguées dans les professions ou industries qui les emploient. Il a paru qu'il n'y avait que des avantages, dans les conflits qui intéressent les femmes, à permettre qu'elles reçoivent le mandat de faire la conciliation entre elles et le patron, et d'apporter dans le débat leur contingent de lumière et d'expérience pour la solution du différend. Celles qui seront choisies devront, d'ailleurs, apparte-nir à la nationalité française, et n'avoir été privées de leurs droits par aucune condamnation.

Le paragraphe 1 de l'art. 2 dispose que le nombre des per-sonnes désignées pour assister ou représenter les deman-deurs en conciliation ne peut pas être supérieur à cinq, et l'article 4 limite au même chiffre le nombre des personnes choisies pour assister ou représenter la partie adverse. Ce chiffre est un maximum ; il ne peut pas être dépassé, mais il peut n'être pas atteint. Le but de la loi a été de prévenir et d'empêcher les discussions nécessairement confuses qui ne manqueraient pas de naître, si les parties en présence dans le comité étaient trop nombreuses. Elle n'exige pas, d'ail-leurs, que le nombre des comparants soit égal des deux parts : les ouvriers, ne pouvant être tous admis, choisiront parmi eux un délégué au moins et cinq au plus. Quant au patron, il pourra, bien entendu, se présenter seul, et, s'il le préfère, il pourra se faire accompagner d'une personne au moins et de quatre au plus prises dans sa maison ; enfin, comme la loi permet aux parties, non seulement de se faire assister, mais encore de se faire représenter par des délé-gués, le patron pourra encore ne pas comparaître personnel-lement, mais confier ce mandat à une personne au moins et à cinq au plus, pourvu que ces personnes ne soient point étrangères à son usine.

Le premier devoir du juge de paix, dès qu'il a reçu la dé-claration écrite des demandeurs en conciliation, est d'en dé-livrer un récépissé sur papier libre et sans frais, en indiquant la date et l'heure du dépôt.

Puis, il est tenu d'aviser sans aucun retard la partie ad-verse, en l'invitant à se rapprocher de l'autre, en sa présence, sur un terrain neutre. Dans ce but, il lui adresse, sans frais, copie exacte de la déclaration, dans un délai de vingt-quatre heures. Cette notification est faite par lettre recommandée, ou, au besoin, par affiches apposées aux portes de la justice de paix du canton, et à celles de la mairie des communes sur le territoire desquelles s'est produit le différend. L'un et l'autre procédé devront, le plus souvent, être employés cumulativement : sans doute, si l'initiative de la réunion du comité de conciliation provient des ouvriers, il sera facile et il suffira de transmettre aux patrons la déclaration par pli recommandé. Mais, si l'initiative a été prise par le ou les patrons, il sera plus malaisé d'atteindre l'autre partie; le grand nombre des ouvriers fera, dans bien des cas, obstacle aux notifications individuelles. Souvent, il est vrai, dès l'origine du conflit et avant toute application de la loi du 27 décembre 1892, les ouvriers ou employés auront choisi parmi eux une délégation pour présenter au chef d'industrie leurs griefs et leurs doléances. A ces délégués le juge de paix pourra adresser des lettres recommandées, et, en même temps, il fera procéder à l'affichage aux endroits prescrits à l'art. 3, afin que l'appel à la conciliation soit connu de toute la collectivité ouvrière.

Les intéressés ont un délai maximum de trois jours pour faire connaître leur réponse. Si ce temps expire sans aucune déclaration de leur part, leur silence est considéré comme un refus (art. 4, § 1er). Ils peuvent cependant obtenir une prolongation de délai, « si l'éloignement ou l'absence des personnes auxquelles la proposition est notifiée, ou la nécessité de consulter des mandants, des associés ou un conseil d'administration, ne permettent pas de donner une réponse dans les trois jours »; mais alors « les représentants desdites personnes doivent, dans ce délai de trois jours déclarer quel est le délai nécessaire pour donner cette réponse (art. 4, § 3) ». Le juge de paix transmet cette déclaration aux demandeurs dans le délai de vingt-quatre heures (art. 4, § 4).

Le refus de la proposition de la conciliation met fin à la mission du magistrat ; si, au contraire, elle est acceptée, la réponse affirmative qui lui est adressée fait connaître les noms, qualités et domiciles des délégués choisis pour assister ou représenter la partie. Toutes les règles que j'ai déjà précisées au sujet du choix et du nombre des délégués des demandeurs, trouvent ici une application identique.

Dès que l'acceptation lui parvient, le juge de paix invite les parties ou les délégués désignés par elles à se réunir en comité de conciliation (art. 5). La loi ne précisant pas la forme dans laquelle ces invitations doivent être adressées, il convient de s'en remettre à la sagesse du magistrat, qui choisira, suivant les circonstances, le mode le plus prompt et le plus sûr.

A ce moment, les deux parties se trouveront en présence devant un magistrat impartial, qui, par sa position même, affirmera sa neutralité complète, et les invitera à entrer en pourparlers.

Il importe, d'ailleurs, que le juge de paix se pénètre bien du rôle qui lui est attribué par la loi dans le comité de conciliation. Il n'y figure pas comme un juge appelé à statuer sur les prétentions contradictoires des parties en cause ; il n'est pas non plus président de droit de cette sorte de conseil de famille, et, loin d'avoir une voix prépondérante dans la discussion, il n'a même pas voix délibérative. Il y a plus : il ne peut présider la réunion et diriger le débat que si les parties intéressées en manifestent le désir. « Les réunions », dit l'art. 5, § 2, « ont lieu en présence du juge de paix, qui est à la disposition du comité pour diriger les débats. » Par conséquent, s'il n'y est pas expressément convié par les parties, il devra rester absolument étranger à la discussion. Il assistera néanmoins à la réunion, où sa présence sera une garantie de l'observation des convenances dans la discussion. En outre, comme il est chargé par l'article 7 de dresser le procès-verbal dans lequel sont consignés les résultats de la tentative de conciliation, cette mission suffirait, au besoin, à justifier sa présence. Le plus souvent, d'ailleurs, il sera chargé de diriger les débats ; il prendra alors la présidence, et son devoir sera d'assurer, en toute impartialité, la liberté de chacun et la bonne tenue de l'assemblée.

La délibération ne saurait d'ailleurs aboutir qu'à un accord ou à un refus d'accord. Le comité de conciliation ne saurait à aucun titre être assimilé ni à un tribunal, ni même à une assemblée délibérante où la majorité impose ses décisions à la minorité. L'échange de vues ne sera pas suivi d'un vote final. C'est pourquoi il n'a pas paru nécessaire d'assurer aux parties une représentation égale en nombre des deux côtés.

Si l'accord s'établit dans le comité sur les conditions de la conciliation, ces conditions sont consignées dans un procès-verbal dressé par le juge de paix et signé par les parties ou par leurs délégués (art. 6). Je n'ai besoin d'entrer dans aucun détail au sujet de l'accomplissement de cette formalité familière aux magistrats cantonaux ; car elle n'est que l'application à un cas particulier des dispositions de l'art. 54 du Code de procédure civile, portant que « le procès-verbal dressé après la tentative de conciliation contiendra les conditions de l'arrangement, s'il y en a, et, dans le cas contraire, fera sommairement mention que les parties n'ont pu s'accorder ».

Conformément à la disposition générale de l'art. 14, cet acte sera dispensé de timbre et enregistré gratis. La minute en sera conservée au greffe de la justice de paix ; une expédition en sera délivrée gratuitement à chacune des parties.

Une autre expédition sera transmise par les soins du juge de paix au préfet, qui la fera parvenir au Ministre du Commerce et de l'Industrie (art. 19).

II. — DE L'ARBITRAGE. (Art. 7, 8 et 9.)

Le débat contradictoire dans le comité de conciliation dissipera le plus souvent les préjugés et les méfiances réciproques, et suffira à provoquer la clôture du différend. Cependant, si ce but n'était pas atteint, toute espérance d'obtenir un accord ne devrait pas être abandonnée car la loi offre un second moyen de mettre un terme à une crise accidentelle : c'est le recours à un arbitrage, en vue duquel elle institue également une procédure rapide et simple.

« Si l'accord ne s'établit pas », dit l'art. 7, « le juge de paix invite les parties à désigner soit chacune un ou plusieurs arbitres, soit un arbitre commun. » L'intervention du magistrat ne doit pas aller plus loin, et il doit s'abstenir avec grand soin de peser sur le choix des parties ou de l'inspirer. La plus entière liberté doit leur être laissée ; car il faut aux arbitres, outre une compétence indiscutée, la confiance absolue de ceux qui leur remettent le jugement de leur désaccord. Toutefois, la loi veut qu'ils soient citoyens français, comme elle l'a exigé pour les délégués, et à plus juste titre encore, puisque les arbitres sont investis d'une véritable magistrature ; c'est pour cette cause qu'il n'a pas paru possible de confier aux femmes, qui cependant peuvent être déléguées, le rôle d'arbitre.

L'invitation du juge de paix doit s'adresser aux intéressés ou à leurs délégués en présence devant lui. Le législateur a supposé que les parties qui nommeront des délégués leur confirmeront un double mandat : d'abord, celui de siéger au comité de conciliation ; en second lieu et en cas d'échec de cette tentative, la mission de nommer les arbitres. Si cette supposition n'est pas conforme à la réalité des faits, si les délégués des patrons ou des ouvriers ne croient pas tenir de leurs mandants un pouvoir aussi étendu, ils seront toujours en droit d'obtenir du juge de paix un délai utile pour solliciter le mandat qui leur ferait défaut. Je n'ai pas besoin d'ajouter que la nécessité d'accepter l'arbitrage proposé par le magistrat n'est imposée à personne, et que l'une et l'autre parties conservent toute liberté pour repousser l'invitation qui leur est adressée. Je me plais à croire que ces refus seront rares : ceux qui ont consenti à s'engager dans les voies amiables de la conciliation n'hésiteront pas à poursuivre la même route pour atteindre plus sûrement le but, c'est-à-dire le rétablissement de la bonne harmonie qui doit être l'espérance et le vœu de tous.

Le § 1er de l'art. 7 reconnaît à l'une et à l'autre partie le droit de désigner un ou plusieurs arbitres. Il a paru trop strict de limiter à un seul nom le choix de chacune d'elles. Elles peuvent donc en nommer deux, trois ou même un plus grand nombre ; mais, comme il s'agit de constituer alors une véritable juridiction, il est indispensable, pour assurer à tous des garanties égales, qu'un même nombre d'arbitres soit pris d'un côté et de l'autre.

Les parties peuvent encore opter pour la constitution d'un arbitre commun. Le texte ne parle que d'un arbitre commun ; mais, comme il a été déjà reconnu aux deux parties le droit de choisir plusieurs arbitres, rien ne les empêche de s'entendre pour confier en commun l'arbitrage à plusieurs personnes, comme elles pourraient ne le confier qu'à une seule.

L'art. 7, § 2, ajoute : « Si les arbitres ne s'entendent pas sur la solution à donner au différend, ils pourront choisir un troisième arbitre pour les départager. » C'est une disposition empruntée à la législation ordinaire pour mieux assurer le succès de l'entreprise de pacification. On avait proposé d'obliger les premiers arbitres à nommer un départiteur avant tout examen du litige ; mais cette idée a été justement écartée, car il a paru superflu de créer un nouveau juge avant de savoir si les premiers ne suffiraient point à régler définitivement le différend.

Il est, toutefois, indispensable de signaler une dissemblance grave entre la procédure organisée par la loi nouvelle et celle qui fixe les règles ordinaires de l'arbitrage. Aux termes des articles 1017 et 1018 du Code de procédure civile, le tiers arbitre est tenu de se conformer à l'un des avis des autres arbitres, sans pouvoir proposer une solution nouvelle. Telle n'est pas la pensée de la loi du 27 décembre 1892 : il a été expressément expliqué, dans la discussion, que le troisième arbitre pourrait avoir son opinion propre, sans être enchaîné par le sentiment d'aucun de ceux qui auront prononcé avant lui. Ses pouvoirs sont identiques aux pouvoirs de ceux nommés d'abord. Il se réunira à eux pour former, avec une composition modifiée, le tribunal arbitral. Il pourra proposer un système tout à fait nouveau ou une transaction entre les deux premiers. Afin de faire clairement apparaître cette innovation, le législateur de 1892 a intentionnellement remplacé par les mots « nouvel arbitre » la dénomination de « tiers arbitre » dont se sert le Code de procédure.

Il est à peine utile de faire observer qu'on ne doit prendre pour arbitre départiteur qu'une seule personne. La désignation d'un plus grand nombre offrirait le danger de prolonger le dissentiment ou de le renouveler sous une autre forme.

Enfin, la loi a poussé la prévoyance au point d'envisager le cas où les arbitres n'arriveraient à s'entendre ni sur la solution à donner au différend, ni même sur le choix du nouvel arbitre. Cette dernière hypothèse sera certainement tout à fait rare ; mais, même en un cas aussi exceptionnel, on n'a pas cru devoir renoncer à l'espoir d'un dénouement pacifique sans tenter un suprême effort. Les arbitres déclareront sur le procès-verbal leur double dissentiment ; ce procès-verbal sera remis au juge de paix, qui sera tenu de l'adresser d'urgence au président du tribunal de première instance de l'arrondissement, et ce dernier magistrat, sur le vu du document à lui transmis, nommera, par ordonnance, le nouvel arbitre (art. 8). Cette disposition, empruntée à l'article 1017 du Code de procédure civile, a paru nécessaire en prévision du cas où l'on se trouve en présence de parties intéressées qui ont manifesté à deux reprises successives, d'abord en formant le comité de conciliation, puis en constituant le conseil d'arbitrage, leur désir commun de parvenir à une entente, et qui sont déçues dans leur légitime espérance, parce que les arbitres, moins conciliants qu'elles-mêmes, n'ont pu réussir à traiter sur aucun point. On a justement redouté que cette désillusion ne fût une cause nouvelle d'irritation et que la situation, au lieu d'être pacifiée par le succès de l'arbitrage, ne fût aggravée par son échec. Si le juge de paix n'a point reçu la mission de nommer le départiteur, c'est parce qu'il a déjà connu du différend lors de la convocation de l'assemblée de conciliation, parce qu'il y a siégé, parce qu'il a pu diriger les débats et, à cette occasion, manifester ou laisser pressentir son opinion. Pour ce motif, la désignation faite par lui aurait pu n'inspirer pas toute la confiance nécessaire. On a écarté de même le président du conseil des prud'hommes, parce que ces sortes de tribunaux sont présidés alternativement par un patron et par un ouvrier : on a craint que les hasards du roulement ne fissent naître quelque méfiance, soit dans l'esprit des ouvriers, soit dans celui des patrons. Aucune de ces objections ne pouvait être invoquée contre le président du tribunal civil, et il était certainement impossible d'entourer de garanties meilleures le choix du nouvel arbitre. Ce magistrat ne devra point oublier, d'ailleurs, que la sanction de la sentence arbitrale est d'ordre purement moral, que cette décision ne vaudra que dans la mesure où ceux qui l'auront rendue auront la confiance des parties intéressées, et il s'attachera à désigner un homme qui, par ses connaissances techniques, son désintéressement dans la lutte, son impartialité connue entre employeurs et employés, pourra imposer à tous une indiscutable autorité.

Quand les membres du comité de conciliation désigneront les premiers arbitres, ils devront, en même temps, rédiger par écrit les sujets de dissentiment qui seront la matière de l'arbitrage. C'est une précaution essentielle, car la formule très nette des questions litigieuses est la meilleure préparation d'une solution éclairée et équitable. C'est, d'ailleurs, l'application pure et simple du droit commun (art. 1005 et 1006 du Code de procédure civile). La décision sur le fond sera également rédigée par écrit et signée par les arbitres. Elle sera dispensée du timbre et enregistrée gratis (art. 14), puis remise au juge de paix (art. 9), qui déposera la minute au greffe, en délivrera gratuitement une expédition à chacune des parties et en adressera une autre au Ministre du Commerce et de l'Industrie par l'entremise du préfet (art. 11).

III. — DU DROIT D'INITIATIVE DU JUGE DE PAIX EN CAS DE GRÉVE. (Art. 10.)

Dans un seul cas, les magistrats cantonaux ont reçu de la loi nouvelle la mission et le pouvoir de substituer leur initiative à celle des intéressés, si celle-ci ne s'exerce pas spontanément. Ce cas a d'ailleurs une importance capitale, puisqu'il s'agit de celui où une grève vient à éclater. A ce moment, a-t-on dit, les patrons comme les ouvriers, les ouvriers comme les patrons, soit par amour-propre, soit par tactique, soit par un sentiment exagéré de leur droit, hésiteront à prendre l'initiative d'une demande d'arbitrage. Il convient donc que le re-présentant de la justice tende la main aux uns et aux autres pour les inviter à un accord que, peut-être, tous désirent secrètement. En allant au-devant d'eux, le juge de paix leur épargnera l'épreuve pénible de la première démarche.

Il invitera d'office et par les moyens indiqués à l'article 3, c'est-à-dire par lettres recommandées, et au besoin par affiches, les patrons, ouvriers et employés ou leurs représentants à lui faire connaître : 1° l'objet du différend, avec l'exposé succinct des motifs allégués; 2° leur acceptation ou refus de recourir à la conciliation et à l'arbitrage; 3° les noms, qualités et domiciles des délégués choisis, le cas échéant, par les parties, sans que le nombre des personnes désignées de chaque côté puisse être supérieur à cinq.

Les réponses devront lui parvenir dans un délai de trois jours, qui pourra toutefois être augmenté pour les causes et dans les conditions indiquées à l'article 4.

Il y a tout lieu d'espérer que cette invitation faite par le magistrat aura pour résultat de rendre, en cas de grève, les arbitrages plus prompts et plus fréquents. Patrons comme ouvriers ne peuvent avoir, en effet, aucun intérêt à paraître se refuser à toute discussion, et l'on a pu justement faire observer que l'opinion publique exercerait sur ceux qui seraient disposés à se soustraire à tout débat contradictoire une pression très efficace. Il reste bien expliqué, toutefois, que les patrons comme les ouvriers demeurent absolument libres d'accepter ou de refuser l'invitation qui leur est adressée. S'ils acceptent, il sera procédé, conformément aux prescriptions des articles 5 et 11, d'abord à la tentative de conciliation, ensuite et s'il y a lieu, à la désignation des arbitres.

Je ne saurais d'avance définir les cas dans lesquels les juges de paix devront user de leur droit d'initiative et ceux dans lesquels la prudence leur conseillera de s'abstenir. Je ne puis que m'en remettre, sur ce point délicat, à leur tact et à leur expérience. S'ils doivent éviter de compromettre leur autorité et parfois de rendre l'arbitrage suspect par une intervention intempestive, ils ne doivent jamais hésiter à faire appel à la conciliation toutes les fois que cet appel aura la moindre chance d'être écouté. Leur pouvoir n'a d'autres limites que les termes de la loi, qui ont été choisis à dessein très vagues et très généraux. Le différend sera toujours d'ordre collectif lorsque la grève aura éclaté, alors même qu'il aurait été au début d'ordre individuel seulement ; quant aux conditions du travail, elles sont si nombreuses et si complexes, que, presque toujours, l'une d'entre elles se trouvera engagée dans le conflit. Je ne crois pas davantage pouvoir fixer le moment précis que le juge devra choisir pour intervenir : il prendra conseil des circonstances. Il peut arriver que l'initiative s'impose dès la première heure de la grève. Dans d'autres cas, il sera préférable d'attendre quelques jours pour se rendre un compte plus exact des dispositions des parties. Parfois encore, une première tentative échouera, et, renouvelée quelques jours plus tard, sera mieux accueillie. J'estime cependant, d'une manière générale, que l'intervention du magistrat ne devra pas être trop tardive ; il conviendra de ne point attendre que la prolongation de la grève ait envenimé le débat et que les passions étrangères aux intérêts en jeu aient apporté de plus violents ferments de discorde. Si la grève s'étendait sur le territoire de plusieurs cantons, les juges de paix devraient se concerter entre eux et déterminer, d'un commun accord, celui qui aurait à prendre l'initiative prévue par la loi.

J'ajoute, en terminant, que cette initiative du magistrat n'est pas la conséquence immédiate et nécessaire du conflit ; elle ne fait point obstacle à l'entente directe entre les patrons et les ouvriers, même après la déclaration de grève, soit pour une transaction immédiate, soit pour un arbitrage.

IV. — SANCTION DES DÉCISIONS

La loi a assuré l'authenticité et la conservation des résolutions prises par les comités de conciliation et des sentences arbitrales en ordonnant le dépôt des minutes au greffe de la justice de paix (art. 11). Elle a fait davantage : l'article 12 ordonne que la demande de conciliation et d'arbitrage, le refus ou l'absence de réponse de la partie adverse, la décision du comité de conciliation ou celle des arbitres, seront notifiés par le juge de paix au maire de chacune des communes où s'étendait le différend ; chacun des maires les rendra publics par affichage à la place réservée aux publications officielles. L'affichage pourra, en outre, se faire par les soins des parties intéressées. Les affiches seront dispensées du timbre. A défaut d'une obligation civile ou d'une répression pénale, dont, en ces matières, la réflexion, d'accord avec l'expérience, démontre l'impossibilité, on a cherché la sanction dans un appel à l'opinion publique, qui exerce sur le sort de ces conflits une influence si puissante. Elle se montrerait justement sévère pour une grève sans motif ou pour une résistance injustifiée aux conseils d'apaisement et de pacification.

L'exposé qui précède suffira pour faire comprendre aux magistrats cantonaux toute l'importance qui s'attache à l'accomplissement exact des devoirs nouveaux qui leur sont imposés par cette loi de préservation. Simples intermédiaires au début, puis témoins ou présidents des comités de conciliation, rédacteurs et dépositaires des accords des parties intéressées et, dans les cas plus graves, premiers messagers de paix entre les deux adversaires, ils trouvent, à toutes les périodes du conflit, l'occasion de servir la cause de la concorde et de l'harmonie sociales. Il dépend d'eux, en grande partie, d'assurer le succès d'une loi dont les résultats seront un bienfait, puisqu'ils tendent à prévenir ou à terminer les grèves, fatales aux ouvriers aussi bien qu'aux patrons, compromettantes pour la prospérité de nos industries nationales et dont la concurrence étrangère peut seule tirer profit.

Je vous transmets des exemplaires de la présente circulaire en nombre suffisant pour qu'elle puisse être distribuée à vos substituts et aux juges de paix de votre ressort. Je vous prie de vouloir bien m'en accuser réception.

Je désire, en outre, que vous m'adressiez un rapport détaillé chaque fois que les magistrats cantonaux auront été invités à intervenir ou seront intervenus d'office, afin que je puisse apprécier les circonstances et les résultats de leur entremise.

Recevez, Monsieur le Procureur général, l'assurance de ma considération très distinguée.

Le Garde des Sceaux, Ministre de
la Justice,

(Signé:) LÉON BOURGEOIS.

TABLE DES MATIÈRES

                                                                    Pages.

PRÉFACE.   V
TEXTE de la loi du 27 décembre 1892.   1
COMMENTAIRE pratique de la loi du 27 décembre 1892 . .   9

  I. — Historique.   9

  II. — Considérations générales   15

  III. — Cas où la loi du 27 décembre 1892 est appli-
          cable. — A qui. — Son caractère facultatif. —
          Ses effets. . . . .   21 à 23

Différend pouvant être soumis au comité de conciliation.   21
A qui la loi est applicable.   21
Exception pour les ouvriers ou employés de l'État   21
Caractère facultatif de la loi. — Ses effets. . . . . . .   22 et 23

  IV. — Demande de conciliation et au besoin d'arbitrage.
          — Par qui faite. — Sa forme. — Les délégués.   23 à 28

Personnes capables de proposer le recours à la concilia-
    tion et à l'arbitrage. . . . .   23 et 24
Déclaration pour recourir à la conciliation et à l'arbitrage.
    — Forme à employer et règles à suivre . . . .   23 à 26
Représentation et assistance. — Mandat.   24
Concurrence entre plusieurs juges de paix.   25
Délégués. — Choix. — Nombre. — Conditions exigées. .   23 à 28
Femmes intéressées au conflit.   27

  V. — Procédure qui suit la demande de conciliation. .   28 à 33

Pages.

Récépissé de la déclaration. 23

Notification de la déclaration. — Moyens à employer. — Délai. — Forme . . . . 28 à 31

Réponse pour accepter le recours à la conciliation. — Délai. — Forme. — Défaut de réponse. — Prolongation du délai de réponse. — Notification de cette prolongation . . . . 31 à 33

Refus d'accepter le recours à la conciliation 33

VI. — Réunion du comité de conciliation. . . . . 34 à 39

Convocation du comité de conciliation. — Présidence et lieu de la réunion. . . . . 34 à 38

Faculté de se consulter seulement en dehors de la réunion. . . . . 38 et 39

VII. — Procédure du comité de conciliation. — Conciliation et défaut de conciliation. — Nomination d'arbitres. . . . . 39 à 43

Assistance du greffier. . . . . 39 et 40

Conciliation. — Rédaction du procès-verbal. — Forme, timbre et enregistrement . . . . 39 à 41

Défaut de conciliation. — Nomination d'arbitres. — Mandat présumé pour cette nomination. — Nombre des arbitres et conditions exigées. — Refus de nommer des arbitres. — Procès-verbaux. . . . . 41 à 43

Absence de délégués à la réunion de conciliation. 43

VIII. — Arbitrage . . . . 44 à 50

Arbitre départiteur. — Nomination par les premiers arbitres. — Nomination par le Président du Tribunal civil . . . . 44 à 48

Avis de nomination aux arbitres. — Convocation du conseil d'arbitrage . . . . 45 et 48

Sentence arbitrale. — Procès-verbaux divers du conseil d'arbitrage. — Remise au Juge de paix des sentences et procès-verbaux. — Transmission au Président du

Pages.

Tribunal civil du procès-verbal constatant le défaut
  d'arrangement et l'impossibilité de nommer un nouvel
  arbitre. — Ordonnance de ce magistrat . . . .   44 à 49

IX. — Grève. . . . .   50 à 54

Intervention du Juge de paix. — Sa forme . . . .   50 à 52
Présence du Juge de paix sur les lieux   53
Suites et conséquences de l'intervention du Juge de paix.   54

X. — Sanction des décisions et sentences . . . .   54 à 59

Dépôt et conservation au greffe de la justice de paix des
  divers procès-verbaux. . . . .   54 et 55
Expéditions. — Nombre et délivrance. . . . .   55 et 56
Publicité, notification et affichage des pièces relatives à
  l'application de la loi du 27 décembre 1892. — Droit
  des parties . . . .   56 à 58
Sanction morale. — Pouvoir de l'opinion publique. —
  Obligation contractée par l'exécution d'un arrangement   59

XI. — Frais. . . . .   60 et 61

Gratuité   60
Locaux nécessaires à la tenue des Comités de conciliation
  et aux réunions des arbitres. — Autres dépenses . .   60 et 61
Timbre et enregistrement des actes et procès-verbaux. .   61
Dépenses à la charge de la commune. — Dépenses à la
  charge du département. . . . .   60 et 61
Déboursés et déplacements du juge de paix et du greffier.   61

XII. — Colonies. — Guadeloupe, Martinique, Réunion,
  Algérie.   62

XIII. — Rapport à faire en cas d'application de la loi.   62 et 64

FORMULES (Voir la table ci-après)   65
CIRCULAIRE de M. le Ministre du Commerce, de l'Indus-
  trie et des Colonies.   103
CIRCULAIRE de M. le Ministre de la Justice   113

TABLE DES FORMULES

	FORMULES	MATIÈRES SE RAPPORTANT aux Formules
	PAGES.	PAGES.
1. — Pouvoir	65	21
2. — Déclarations pour demander conciliation et au besoin arbitrage	66	23 à 26
1° Déclaration par le patron	66	25
2° Déclaration par les ouvriers	68	25
3. — Récépissé de déclaration	69	28 et 29
4. — Notifications diverses au Maire	69	57
5. — Notifications de déclaration	70	29 à 33 et 5
1° Notification par lettre	70	29
2° Notification par affiche	72	30 et 57
6. — Avis pour prolonger le délai de réponse	73	31
7. — Transmission de l'avis de prolongation du délai de réponse	74	32
8. — Refus d'accepter le recours à la conciliation	74	33
9. — Affiche constatant l'absence de réponse	75	57

	FORMULES	MATIÈRES SE RAPPORTANT aux Formules
	PAGES.	PAGES.
10. — Affiche constatant le refus de recourir à la conciliation	76	57
11. — Acceptation de former un Comité de conciliation.	77	33
12. — Convocation du Comité de conciliation	78	34 à 38
1° Convocation du proposant.	78	34
2° Convocation des acceptants.	79	34
13. — Procès-verbaux des Comités de conciliation	80	39 à 41
1° Procès-verbal contenant conciliation.	80	39
2° Procès-verbal de non-conciliation avec nomination d'arbitres	82	41
14. — Avis de nomination à un arbitre. . .	83	45
15. — Procès-verbaux d'arbitrage	84	44 à 49
1° Sentence contenant arrangement . .	84	48
2° Autre sentence contenant arrangement.	86	48
3° Nomination d'un arbitre départiteur.	87	44
4° Défaut d'arrangement et impossibilité de nommer un sur-arbitre	88	45
16. — Avis de nomination au nouvel arbitre.	89	48
1° Avis en cas de nomination par les premiers arbitres.	89	48
2° Avis en cas de nomination par le Président du Tribunal civil	90	48
17. — Transmission au Président du Tribunal civil d'un procès-verbal d'arbitres.	91	45 à 47

	FORMULES	MATIÈRES SE RAPPORTANT aux Formules
	PAGES.	PAGES.
18. — Ordonnance de nomination d'un arbitre départiteur	92	48
19. — Offre de recourir à la conciliation en cas de grève	93	50 à 53
20. — Acceptation de l'invitation à conciliation après grève	95	53
21. — Convocation du Comité de conciliation en cas de grève	96	53
22. — Procès-verbal de réunion du Comité de conciliation sur l'initiative du Juge de Paix	97	53
23. — Rapport à M. le Procureur de la République	98	62

Caen — Imprimerie Ch. VALIN, 7 et 9, rue du Caud.

11 Stones 18

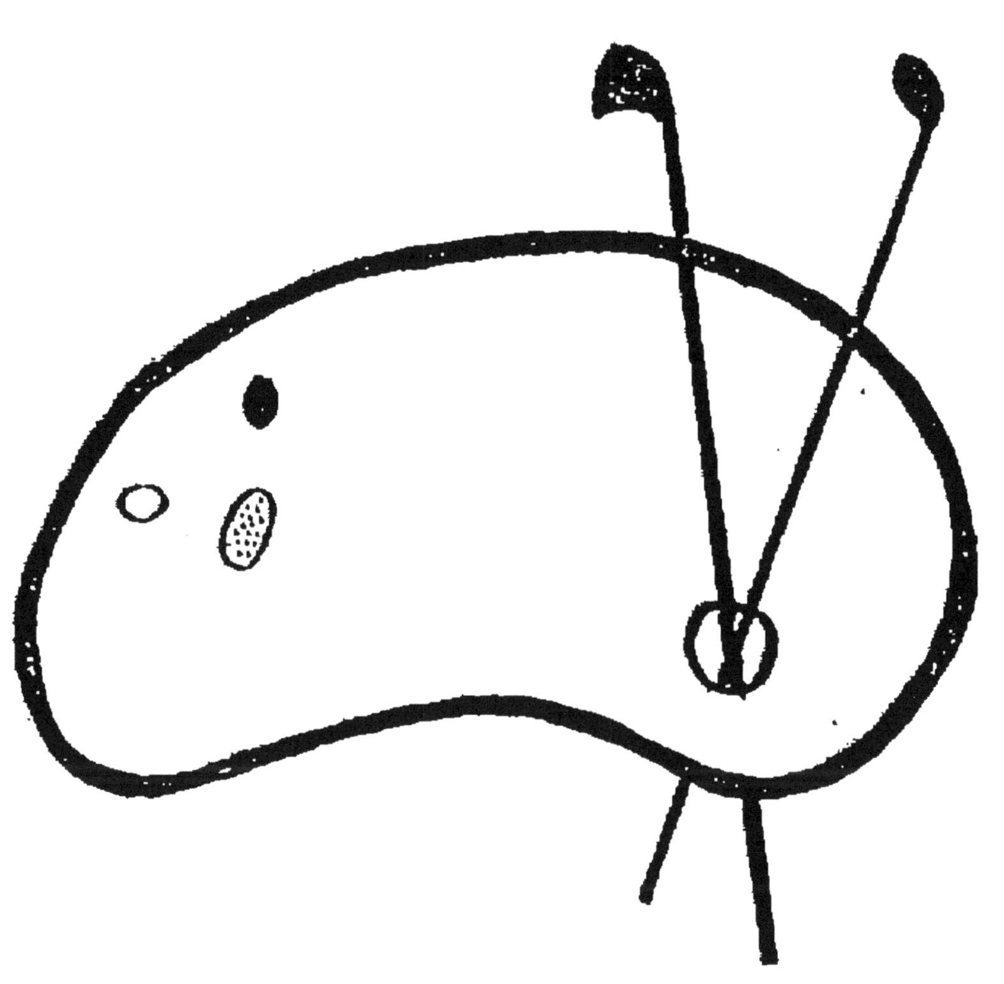

DEBUT D'UNE SERIE DE DOCUMENTS
EN COULEUR

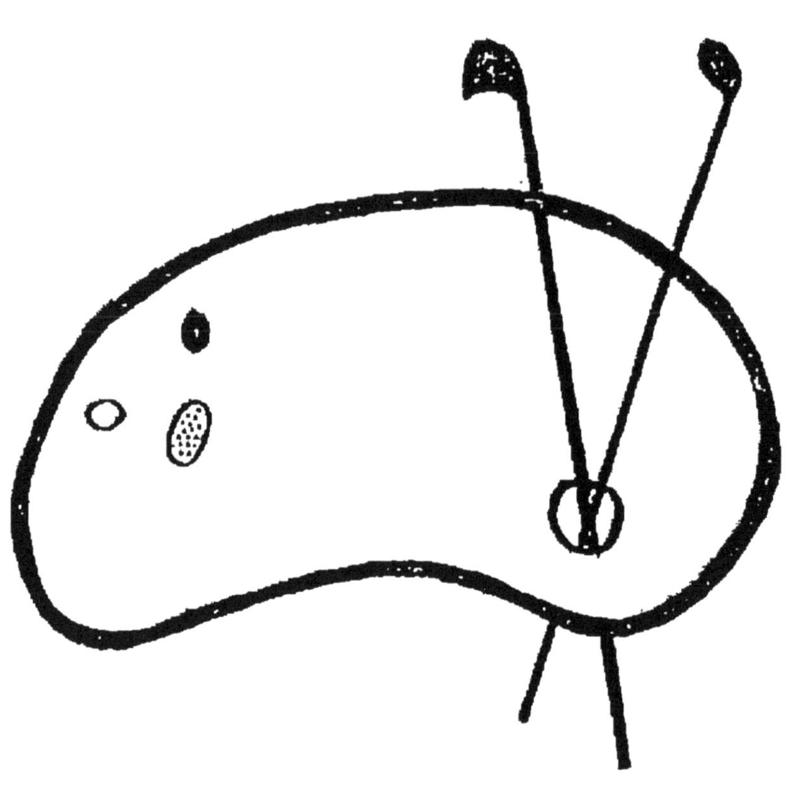

FIN D'UNE SÉRIE DE DOCUMENTS
EN COULEUR

www.ingramcontent.com/pod-product-compliance
Ingram Content Group UK Ltd.
Pitfield, Milton Keynes, MK11 3LW, UK
UKHW022228120726
13694UKWH00002B/746